民法 総則・物権

第7版

山野目章夫〔著〕

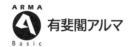

ARMA
Basic
有斐閣アルマ

第7版へのはしがき

　平成30年法律第59号による成年年齢等の変更，平成30年法律第72号による相続関係規定の見直し，そして，平成30年法律第54号よる消費者契約法の改正を反映させるため，第7版への改訂をする。

　いずれの改正も，本書の記述について，分量の点で多くの改訂を要するものではない。しかし，数は少なくとも，従来の基本的な考え方の変更や発展を伴うものが少なくない。なるべく早く，それらを踏まえた記述のものにして読者に届けたいと考えた。

　民法の改正が頻繁にされる時代である。民法を勉強する皆さんにとって苦心をすることもあると想像する。

　改正が頻繁であるだけ民法が現実社会に対応しようとしている証左であると受け止めてくださるならば，さいわいである。

　第6版までと同じく有斐閣書籍編集部の藤本依子氏にお世話になったほか，第7版から同編集部の藤原達彦氏が制作に携わってくださった。

　2020年1月

山 野 目 章 夫

第6版へのはしがき

　2009年秋，法務大臣は，その諮問機関である法制審議会に対し，民法改正の準備の作業を促す諮問をした。法務大臣の諮問第88号であり，それによると，「民事基本法典である民法のうち債権関係の規定について，同法制定以来の社会・経済の変化への対応を図り，国民一般に分かりやすいものとする等の観点から，国民の日常生活や経済活動にかかわりの深い契約に関する規定を中心に見直しを行う必要がある」という問題意識に基づくものである。この諮問を受け，法制審議会には専門部会が設けられた。この部会の会議は，99回に及び，部会の審議の一環として行われた分科会も加えると，会議は100回を超えるものになる。

　この調査審議の成果は，2017年5月，「民法の一部を改正する法律」が成立することにより，結実をみた。

　明治に民法が制定されてからこのかた，空前の規模の改正であり，内容が多岐にわたり，従来の考え方を改める事項があるかたわら，確立した判例や通説として定着している考え方を確認する事項もみられる。

　本書が扱う範囲にも，この改正を踏まえた見直しをするべき事項が多くあるから，今般，それらを盛り込む改訂をし，第6版とする。

　第6版の制作にあたっても，有斐閣書籍編集部の藤本依子氏に御世話になった。

2017年6月

山　野　目　章　夫

第5版へのはしがき

　2009 年秋に法務大臣が法制審議会に対し，民法の債権関係の規定の見直しを諮問し，民法の改正準備が進められている。

　もちろん，この改正準備は，いまだ進行の途上にあり，したがって，現に効力を有する法律の内容を講述する本書の中心的な論述対象ではない。しかし，その動向に関心をもつことを読者の皆さんに促すこともまた，役割の一つではある。そのような観点から，消滅時効改革の動向や，要素の錯誤の効果の見直しに関する論議の状況など，版を改めて，若干の事項に論及することとした。

　そのほか改訂を施したのは，平成 23 年法律第 61 号による民法 842 条の削除をはじめ法令の改廃への対応や，新しい判例の補充などである。

　この改版にあたっても，有斐閣書籍編集部の藤本依子さんにお世話をいただいた。

　2012 年 1 月

山 野 目 章 夫

第4版へのはしがき

　私たちの社会において，法人といえば，ほとんど実際的な重要性を与えられてきたものは営利法人，簡単に言うならば「会社」であった。それは戦前の富国強兵，そして戦後の高度経済成長を演出する重要なツールであったかもしれない。しかし，憲法が保障する結社の自由に民事的な基礎を与える非営利法人法制の在り方こそが，市民社会においては本質的な重要性をもつべきであろう。けれども，それは，官庁の許可のもとでのみ法人の設立を認めるという仕組が長く採られてきた。

　こうした経過を想い起こすとき，2006年の国会で公益法人改革関連の法律が成立して，準則主義による非営利法人設立に途が開かれたことは，ひとまず画期的であると評価することができる。

　第3版が刊行された後，この公益法人制度改革をはじめとする若干の重要な法制改革が行なわれた。公益法人制度改革それ自体は，2008年になってからの施行が見込まれており，そのような意味において，いまだ実施の段階を迎えているものではない。とりわけ実務的には，そのことに注意を要するけれども，本書の多くの読者は，そのようにして実務的な制度の運用に携わる方々よりも，民法の概説的な知識を修得しようとする皆さんが多いであろうと想像されるから，そのような皆さんには，施行はされていないものの法律としては成立している新しい非営利法人法制の内容を学んでいただくことが重要であると考え，本書の改訂を行なうこととした。なお，この機会を活かして，遺失物法の改正に対応したり，新しい重要判例に言及したりするなどの改訂をも行なった。

　新しい非営利法人法制が所期された意義を発揮するかどうかは，今後の運用を見なければならないが，その帰趨は，つまるところ制度を理解する市民を伴走者としてこそ，良いものとなるであろう。そのような観点においても，版を改める本書が役立つならば，さいわいである。

　第3版と同様，今回も，有斐閣書籍編集第1部の藤本依子氏に御世話に

なり，従来の版との表記の統一などについて貴重なアドバイスをいただい
た。

　2007 年 1 月

山 野 目 章 夫

第3版へのはしがき

第2版が刊行されたのち，まず，民法それ自体について，現代語化を主要な課題とする全面的な法文の見直しが行なわれ，また，不動産登記法や破産法が全面改正されたり，債権譲渡の対抗要件に関する民法の特例等に関する法律について，その内容的な改正と共に，法律名が「動産及び債権の譲渡の対抗要件に関する民法の特例等に関する法律」とされたりするなど，重要な法制の展開があった。こうした立法の進展を織り込んだ第3版を世に送る。

とりわけ民法の現代語化は，明治以来の法文を一新するものである。著者は，この民法改正および債権譲渡の対抗要件に関する民法の特例等に関する法律の改正を審議した衆議院法務委員会において参考人として意見を述べる機会に恵まれた（2004年11月19日）が，その際に，「法典としての民法の現代語化は，法律を市民にとって読み易いものにするという観点に立脚するものであり，目下進められている司法制度改革の精神にも適うものであると評価することができます」と述べておいたことを，この本書改訂の機会に紹介しておきたい。

改訂稿の制作にあたり，新旧の民法の法文の対照など煩瑣をきわめる作業を補助していただいたのは，早稲田大学大学院博士後期課程学生の藤巻梓氏である。

また，第2版の際と同様に，有斐閣書籍編集部の藤本依子氏の御世話になった。

2005年1月

山　野　目　章　夫

第2版へのはしがき

　本書の初版が刊行されたのち，民法と関連する領域において，いくつか
の重要な法律が制定された。とりわけ，2000年に消費者契約法が制定さ
れ，また，民法308条を改正した2003年春の国会において，労働債権の
保護の在り方について活発な論議がなされたことは，いずれも私たちの生
活と深い関わりをもつ事柄である。こうした立法の進展を織り込んで本書
を改訂することとした。

　民法が果たすべき役割は何か，ということは，学問的に考え始めると，
難しい問題が多々あるし，たとえば企業と企業とのあいだの取引を規律す
る際にも登場する契約などの概念が民法の考察対象であることは，疑いが
ない。しかし，その半面において民法が規律の対象とする重要な素材に，
私たち，すなわち，個人をめぐる法律関係の基本的なルールを提示する，
ということがあり，ここに一つの足場を置いて民法を考えてゆこうとする
態度は，初版におけるのと異ならない。個人は，あるときは消費者であり，
あるときは労働者であるから，それらをめぐる法制の整備に関心を払うこ
とは，本書の改訂において精力を割いた一つのポイントである。

　改版に際しては，初版の際と同様に，有斐閣書籍編集部の藤本依子氏の
御世話になった。

2003年9月

山 野 目 章 夫

初版へのはしがき

　この本を手にした皆さんが民法を学ぼうと考えた動機は，どのようなことでしょうか。もちろん，きっかけが何かでなければならない，ということは，ありません。さまざまな理由・事情があることでしょう。

　民法は，各種の国家試験の主要科目となっており，そのため，書き手にとっても，しばしば，好む好まないにかかわらず，それら試験の準備中にある方々を意識することとなる，ということがみられます。この本ももちろん，入門書として必要十分な限度において，そのような用途への配慮を伴わせてあります。しかしまた，著者として，読者の皆さんに特に強調しておきたいのは，試験科目としてのみ民法というものを考えるときには見誤る問題がたくさんある，ということです。民法を学ぶことは，自分や周囲あるいは社会のありかたを考えるうえで，たとえば消費者保護・NPO・夫婦別姓などの問題を考えるうえでの“大切な武器”としての役割を担おうとしています。そして，これらの問題を考えようとする皆さんのなかには，通信教育や大学院などで初めて民法ないし法律に接することとなる人も，すくなくありません。そのような契機で本書を手に取った方々も，おられることでしょう。ひるがえって，司法試験などにおいても改革が説かれ，基礎からの理解が重要であることが，関係者の共通の認識になっています。こうした情勢を踏まえ，多様な読者層を意識する，ということを，著者としては，第一に心がけました。

　そのことはまた，目標として「わかりやすさ」と「おもしろさ」を具えた本であることが求められる，ということにもなります。二つのことがらは，通常，一方が他方を支えるものになっている意味において整合的でありますが，ときに対立的な関係になることがあり，そこが，大変に難しいところです。本書は，基本指針として，本文においては，すくなくとも目標としては「わかりやすさ」を心がけ，半面，◆・■の欄では思いきって「おもしろさ」を優先してある箇所があります。

ここで，本書が用いる様々のツールを説明しておきましょう。◆の欄は，本文で取り上げた問題を深めて考察するためのものです。■の欄もまた，本文の内容を発展させるものであることは同じですが，こちらは，狭い意味における法律解釈学に視野を限定せず，本文の内容を少し見方を変えて考えてみよう，という趣旨です。■の欄は，むしろ楽しみながら読んでいただきたいな，という著者の気持ちから，話し言葉にしてあります。はじめて勉強をする方々にとっては，第一読で主に本文を読み進め，二回め以降で◆・■にチャレンジするというのも，ひとつの方法でしょう。また，ひととおり本書の内容を理解した人が，さらに勉強を進めるうえでの手がかりとしていただくため，各章に「読書案内」が設けてあります。なお，読書案内では逐一挙げませんが，本文に引く判例の多くは，ジュリスト別冊の『民法判例百選』にも採録されています（皆さんの学習の便宜を考慮し，より適切な判例があるときにも，百選採録判例のほうを引用してあります）から，そこでの各判例の解説を読むことによっても，いろいろな民法の素材に対し，奥行きのある対象として興味をもつことができるにちがいありません。

　このように手順を工夫して学んでゆくことが考えられているのですから，「おもしろさ」を追求するといっても，ただ"おもしろおかしい"ということが考えられているのでなく，ここで言っている「おもしろさ」が，読者の皆さんに考えるヒントを豊富に提供したい，という趣旨であることは，申すまでもありません。とりわけ，市民のありかたの秩序づけに任ずる民法の入門書として，〈市民〉そして〈人〉のありかたを考えるという視点を重要視しました。その帰結として，この本は，民法総則・物権法領域の入門書というには収まりきらない若干の内容を含むものになっています。紙幅を費やしてでも，そうした内容を入れなければならない，と考えたことの背景には，私たちをとりまく昨今の情勢があります。当世はやりの言葉である"自己責任"の強調は，ややもすると経済的な文脈で語られがちですが，その一方にあっては，個人の精神的自由にとって脅威となる様々の権威主義的な動きが進行しています。こうした情勢のなかで民法を学ぶ

私たちが試みるべきは，けっして"自己責任"とは同義でない「個人主義」の観点を大切にして民法を読む，ということにほかなりません。ひとしく形式的観察からは「権利義務の主体」である私たち個人と会社などの法人とを本書が分けて論述していることの意味などは，このような問題意識から，お汲み取りいただけると信じます。

　すこし難しい話になったでしょうか。いよいよ本書を読み始める皆さんに，簡単なアドバイスを一つ。必ず「六法」を座右に置いて，法文を確認しながら，本書を読んでください。本書だけではありません。法律の勉強において，何より重要な通則です。高等学校のときに経験が，おありでしょう。辞書を引くことを面倒に思っているうちは，英文読解力は，上達しませんでしたね。あれと同じです。

　民法の勉強を始める読者の皆さんへのメッセージとともに，教室などで本書をお使いいただくことがあるかもしれない先生方にも，ご挨拶として，申し上げておきたいことがあります。多くの至らざる点がありましょう本書ですが，とりわけ，上記のような諸特色が，ご授業などにおいて不便をおかけする部分があることを懼れます。自身にも経験のあることですが，研究者各自の問題関心に基づく工夫が施された部分は，個人として興味深く読むことができる半面，通常の講義などで使用しようとすると，往々，難儀な面があります。たとえば本書は，我妻先生の『民法講義』（岩波書店）のように，自然人と法人を「権利の主体」という同一章に一括する仕方よりは，これらを別章にする川島先生の『民法総則』（有斐閣法律学全集）や幾代先生の『民法総則』（青林書院）のほうに発想は近いわけですが，くわえて論述位置が離してあり，民法の規定排列とは異なったものになっています。本書が何よりも初学者が自身で読む場面を想定する趣旨のものであることに御理解を賜わりますとともに，例示いたしましたような点については，申すまでもないことですが，先生方それぞれのお考えに基づき，組換・補正のもと，お使いいただくことを御願いしなければなりません。また，機会がありますれば，縷々申し上げました点を含め，本書について，お気づきのことを御指摘・御叱正いただきたく考えます。

　本書の制作にあたっては，多くの方々の御世話になりました。著者の意図の十分な理解に立って，内容上の論議において，"胸を貸して"くださった前任校の中央大学関係の同学諸氏および大学院生の諸君には，貴重な時間を割いてもらいました。お話ししてきたような新しい民法の入門書を構想したいという発想に立ち，当初段階で精力的に企画立案・情報収集にあたられたのは，有斐閣書籍編集部の亀井聡氏（現在　六法編集部）と中條信義氏（現在　ジュリスト編集部）でした。原稿制作の段階に入ってからは，藤本依子氏と山宮康弘氏より多くの貴重なアドバイスをいただき，また，校正段階における丁寧な原稿の読み込みにより，多くの不備を正していただきました。また，これら全体の過程を通じ，稼勢政夫氏（編集担当取締役）からの，終始，暖かい励まし（と遅筆に対する叱正?!）がなければ，本書の今日時点における刊行は，難しかったと思われます。巻末の事項索引は，矢澤久純氏（中央大学大学院博士後期課程）が作成しました。

　2000 年 3 月

山 野 目 章 夫

目　次

本書を読む前に

本書を読む前に

　現行の憲法のもとでの最上級審の裁判所が最高裁判所です。最高裁判所が示す法律判断は，裁判実務に大きな影響を与え，学問的にも重要な考究の対象になります。

　戦前の最上級審の裁判所は，大審院といいました。しかし，これは，当時の憲法によってではなく，法律により呼称が与えられていました。現在の最高裁判所は，憲法の規定上すでに呼称が定められており，しかも，その81条により法令の憲法適合性を審査する権限を有します。こうして日本の違憲審査制は，民事・刑事の通常事件の最上級審裁判所が同時に法令の合憲・違憲を判定するという特色をもつことになりました。本書第2章に登場する昭和62年4月22日の判決は，民事の法律解釈を提示しつつ，それとの関連のもとに法律の規定が憲法の規定に適合しないとする判断をしており，上記特色の運用上の具体的表現をなしています。

　重要な法律解釈の提示を含む裁判の先例を判例といい，本書でも多くの判例を引いています。たとえば「最判平成11年11月24日」は，最高裁判所が平成11年11月24日に言い渡した判決を意味します。

　判例は，一般の人も読むことができるように，雑誌に登載されます。判例を登載する雑誌を判例集といい，最高裁判所がした民事の裁判を収める公式判例集としては，『最高裁判所民事判例集』があります。本書は，これを「民集」という略称で引きます。判例集には，このほかに，『判例タイムズ』や『判例時報』があります（法律の本では，しばしば"判タ""判時"と略称されます）。

判例が雑誌に登載されるのには言渡しから若干の時日を要します。金融実務に影響のある判例は，『金融・商事判例』や『金融法務事情』に短期間のうちに載ります。また，最高裁判所のホームページには，重要判例の全文が言渡後きわめて短い時日のうちに掲げられることがあります。

　本書における年代の表示は，判例のみ元号を用います。また，立法の時期は，公布の時を基準にして年代を定めます。たとえば，行為能力制度の改編を含む民法改正は，施行は2000年ですが，前年秋の国会（臨時会）で成立し，同年末に公布されていますから，「1999年の民法改正」と表記しています。

　なお，2017年に成立した民法の改正は，原則として，2020年4月1日から施行されます。

民法を学ぶための
三つのキーワード

パリのある結婚式

（写真：坂本　守〔くらしの手帖社〕）

市民の前での結婚を定めるフランス民法典は，本書のモチーフである三つのキーワードのヒントでもあります。

この本を一緒に読んでゆくパートナーである朝倉文代さんと，武内昇平君を紹介しよう。昇平君は，経済学部を卒業し，いまは金融論を専攻する大学院生である。文代さんは，法科大学院の学生であり，いま司法試験の受験準備をしている。二人は幼なじみだ。あまり法律とは縁のなかった昇平君が，この本を読むことになったきっかけは，ある休日に武内家に届いた速達郵便物であった。

　速達が来てるぞ。お父さんの飲み友達の江藤のおじさんから。なんて書いてあるの。えっ，なんだって，むかし貸したお金を利息を附けて返せだって。お父さん返してなかったの？

　お父さんの話では，たしかに十数年前に事情があってお金を借りたことがあったが，まもなく返した，ということである。仲のよい友人であった江藤さんが，なぜ突然このような手紙をよこしたのか，家族の誰もが，驚くばかりであった。聞けば，お金は返したが，領収証をもらったかどうか，もらったとしてもどこに保管してあるか，お父さんは，すぐには想い出せないそうである。

　でも，時効っていうのがあるだろう。罪を犯しても何年か経つと警察に捕まらなくなるらしいし，バブルの時に貸したお金も，たしか5年だったかな，期間が過ぎたら返さなくてもよいってニュースで言っていたような気がする。この場合の時効は何年なのだろうか。

　いずれにしても法律が専門でない昇平君では頼りにならないということになり，文代さんに相談をしてみることになった。結論を言えば，この場合の時効期間は，「民法」という法律で決められてい

ることがわかったし，江藤さんの手紙の件も，文代さんから具体的なアドバイスをもらって解決をすることができた。

　でも僕，今回の件で，民法という法律が，借金がどうのこうのいうだけではない，なかなか奥の深い世界をもっていることがわかったよ。大学の授業では聴けないし，自分で少し勉強してみようかな。

　もっとも，このような気持ちを昇平君に抱かせたのは，民法学が学問としてチャーミングであることだけではないらしい。大学も別々になり，あまり話すことのなかった文代さんと，もう少し話をしてみたいと思ったのである。昇平君を魅了した文代さんの話とは，ざっとこんなものであった。

＊　＊　＊

　民法という法律は，その元になる形が明治期に作られた。近代日本が出発するにあたり重要な役割を担う概念の多くがそうであるように，「民法」という法律の題名もまた，西洋の言葉の訳語である。西洋において民法に当たる法律が最初に作られたのは，1804年にフランスにおいてであった。そのときに作られた法律の名は「コード・シヴィル（Code civil）」である。《code》は法典という意味であり，こちらのほうは，それほど難しくない。意味に含蓄があるのは《civil》のほうである。これを仏和辞典で引くと，まず，「市民の」という意味が示されている（読書案内）。近代市民革命によって出現した市民一人一人のありかたに関する規範を提示するということが，民法の核心的な役割である。

　さらに一歩を進めて言えば，民法は，市民と市民とのあいだの権利と義務の関係を明らかにする役割を担っている。たとえば税金を

いくら納めなければならないか，という問題は，市民と市民とのあいだの関係ではなく，国または地方公共団体と国民または住民とのあいだにおいて問題となることであり，これは，公法という分野で扱われる。また，刑事裁判を請求する手続は，公の利益を代表して刑罰を求める検察官と，疑いをかけられた市民との関係における問題であり，これも民法で扱われる事柄ではない。銀行と企業とのあいだの取引や企業間の紛争は，民法の問題である部分もあるけれども，同時に，特別な考慮を要する問題もあるから，商法という別の法律を参照して考えなければならない問題も多い。公法の対極にあるのが**私法**とよばれる分野であり，民法と商法は，私法の中心に位置する法律である。

　民法は，条文の数の多い法律である。1 条から 1050 条まであり，それらは「編」という単位で五つのグループに分けられている。第一編は「総則」，第二編は「物権」，第三編は「債権」，第四編は「親族」，第五編は「相続」が，それぞれ表題である。この本が論述の対象とするのは，主に第一編と第二編，つまり 1 条から 398 条の22 までとなる。もっとも民法は，全体が一つのリングのようになっているから，ある部分にだけ注目していれば，そこがわかる，というものではない。したがって，これ以外の民法の条文も出てくるし，また，借地借家法や不動産登記法のような民法と密接な関係をもつ法律も登場する。この本では，「人」「所有権」「契約」の三つをキーワードとし，まず基礎編では，これらの一つ一つについて基本となる事項を学び，応用編においては，ここでも三つの言葉について，さらに内容をふくらませながら考察することにしよう。

昇平　学部の授業で民法を少し聴いたことがあるけれど，たし

か物権とか債権という難しい言葉でやっていたような気がする。

文代 たしかに民法の第二編，第三編の表題は「物権」「債権」になっているわ（→◆**民法典の編成**）。でも，物権とか債権というのは，日常の言葉ではないでしょう。民法が専門家のものではなく，文字どおりに市民のためのものであるとしたら，ふだんの生活のなかで聞いたことのある言葉を手がかりにして勉強を始めるべきではないかしら。ほら，昇平君のお父さんは絵が好きでいらしたでしょう。お父さんが絵を買うとき，売主と買主という「人」が売買契約という「契約」を結ぶことにより「所有権」が移転する。これが，あらゆる法律行為の基本よ。だから三つの言葉がキーワードになるの。

昇平 なるほど。それなら，初めて民法を学ぶ人にもアプローチがしやすいね。

文代 しかし，民法には技術的な部分もあるわ。大学の専門的な授業は，だいたい条文の順序に従って〈民法総則〉〈物権法〉〈債権総論〉〈債権各論〉……といった分野別に行われる。司法試験の受験準備などのためには，こういう仕方で勉強を進めることも必要なの。そのためには，上級の本を読まなければいけないけれど，いきなりそこにいくことはできないから，この本では，条文とはちがう順序で勉強を進めてゆきましょう。本書による学習のすすめかたと，条文の順序に従う通常の体系的記述とがどのような対応関係にあるかは，巻末の附録（文代さんと昇平君からのSシリーズへの誘い）を見るとわかるわ。

◆**民法典の編成** いま私たちが「民法」とよんでいる法律は，五つの「編」から成り立っている。法律は，例外もあるが，ふつうは複数の「条」からなる。いくつかの「条」をグループにまとめ，わかりやすく体系的に示すために用いられる大きな単位としては，「章」が用いられることが多い。しかし，すごくたくさんの条を含む法律

では，「章」の上の単位として，「編」が用いられる。民法もそうで
あり，本文でも紹介したように，第一編が「総則」，第二編が「物
権」，第三編が「債権」，第四編が「親族」，第五編が「相続」とな
っている。第一編から第三編までは，1896 年に公布され，1898 年
に施行されたのち，いくつかの重要な部分改正があり，また，2004
年には，法文が平易な現代語に改められ，さらに 2017 年には，第
一編と第三編を中心に債権関係の規定の大幅な改正が実現した。第
四編と第五編は，1898 年に公布され，前三編と同時に施行されたが，
第二次世界大戦後の 1947 年に全面改正がなされた。2018 年には，
第 5 編の規定について相当規模の見直しがされている。このアルマ
Basic シリーズの巻別の論述範囲は，おおづかみに言えば，第一編
と第二編を本巻が，第三編を『民法——債権』が，第四編と第五編
を『民法——親族・相続』が分担する。

📖　**読書案内**　本文で取り上げた《Code civil》や「市民」の概念
について，さらには，民法とフランス人権宣言との思想的な関連な
どの諸問題について，星野英一『民法のすすめ』（1998 年，岩波新
書）が，多くの有益な示唆を与える。
　　大村敦志『生活民法入門／暮らしを支える法』（2003 年，東京大
学出版会）は，さまざまな生活事象を観点として民法というものを
思索的に考える道案内である。豊富な事例を用いた入門的概説書と
して，道垣内弘人『リーガルベイシス民法入門』（第 3 版，2019 年，
日本経済新聞出版社）を薦めよう。
　　また，民法を学ぶうえでは，いくつかの法律学の初歩的な基本事
項を知っていることが必要である。民事責任と刑事責任のそれぞれ
の意義および両者の関係などが，たとえばそれに当たる。興味を誘
う論述でこの問題を解説する入門書に，成田博『民法学習の基礎』
（第 3 版，2014 年，有斐閣）54 頁以下がある。

基　　礎

ルネ・マグリット「ピレネーの城」

超現実の世界には宙に浮いた城もありますが，現実の世界では建物は土地の定着物（86条1項）です。

第1章 第一のキーワード——人

いうまでもなく"人"は，あらゆる学問における最大の関心事である。経済学・社会学・医学などの諸学において，それぞれの観点からの人の把握がなされている。法律学においては，人は，権利・義務の主体としてとらえられる。権利・義務というときに，財産に関わるもののみを考えることは，適当ではない。そこに行くまえに人の個人としての存在，あるいは人格そのものについて，その保護を求めることのできる権利，およびそれらを尊重すべき義務がある。

1 民法における個人のとらえかた

1 ある人がある人であるということ——人の同一性

個人としての尊重

民法のさまざまな制度は，すべての人が個人として尊重されるべきであるという基本理念の下で組み立てられる。このような基本理念は，具体的には，法律が人を平等に扱うべきであるとされたり，また，法律が人の自由を保障すべきであるとされたりすることを意味するが，これらの仕方で法律上の諸制度が機能する前提として，人が，個人として尊重されるためには，ある人の同一性を，しっかりと確認することが

8

でき，他の人から識別できるようになっていることが必要である。人を特定するための，何よりも基本的な要素は氏名であるが，なお附随的な要素として，どこに住んでいるか（住所），いつ生まれたか（年齢），女性か男性か（性別），どこの国の人か（国籍），といったことが，役立てられる。また，これらの事項を，適確な資料に基づいて公的に確認して記録をしておく仕組みも重要である。

氏　名　人には，それぞれ"なまえ"がある。民法では，この"なまえ"は，「氏」の部分と「名」の部分から構成されるという姿が想定されている（968条1項など参照）。「朝倉文代」という人がいるとすると，「朝倉」が氏であり，「文代」が名である。そこで，法律用語では，"なまえ"のことを**氏名**という。氏名は，人を特定するための最も重要な基本的要素であるが，単なる記号ではない。氏名は「人が個人として尊重される基礎」であるから「氏名を正確に呼称される利益」は一般論として法的保護の対象となる（最判昭和63年2月16日民集42巻2号27頁）。韓国などの人たちの氏名をニュースキャスターが原語の発音で呼ぶのも，このような配慮に基づくものである。

氏　氏は，これまでふつうには，ある人とある人が同一の家族集団に属していることを示す役割を負ってきた。朝倉文代さんと，その御両親とが氏を同じくすることにより（750条・790条1項），三人が親子関係を通じ同一の家族集団に属することが示されるように，である。結婚披露宴の際に「朝倉家控室」などと表示されることからわかるように，氏を同じくする者どうしのつながりが，社会意識のうえで重要な役割を担

っていることは，まちがいない。ただし，氏をめぐっては，婚姻した男女が別々の氏を称することを認めない現在の制度（750条）への賛否をめぐって，論議が展開されており，個人の**自己決定権**を強調する見地などからは，現在の制度に対する批判が提起されている（読書案内）。このような論議が契機となって氏の役割も将来的には，変わってくるかもしれない。離婚（767条），養子縁組（810条），離縁（816条）などの家族関係の変動に伴う氏の定め方（また790条・791条）については，親族法（アルマ Basic シリーズでは『民法——親族・相続』）で学ぶ。

名

生まれた子には，**名**をつけなければならないが，誰が名をつけるかについて民法は規定を置いていない。ふつうは父母がする（戸籍法52条参照）が，しかし，どういう名前をつけてもよいというものではないし（→■"悪魔"という名も許されるか），また，棄児の場合には市町村長が命名をする（同法57条2項。この場合は名のほかに氏もつける）。いちどつけられた名は，正当な事由のあるときに家庭裁判所の許可を得ることによってのみ変更できる（同法107条の2）。したがって，命名は，本人の人格的利益を第一に考えてしなければならないが，かならずしも本人が自由にコントロールできるものではないし，一定の社会的制約（同法50条も参照）の下に父母や市町村長に託された仕事である。

住　所

「各人の生活の本拠」が**住所**である（22条）。両親の下を離れ学生寮に住んでいる大学生の住所は，特別の事情のない限り，学生寮のある場所である（最判

昭和 29 年 10 月 20 日民集 8 巻 10 号 1907 頁）。住所がはっきり定まって
いないときは，生活の本拠というまでにはいかないが，ある程度は
継続して住んでいる場所（居所）を住所として扱う（23 条）。また，
特定の事項について住所として扱って欲しい場所（仮住所）を個別
に定めることもできる（24 条）。

　住所・居所からいなくなって，すぐには帰ってくる見込みのない
者が置いていった財産は，家庭裁判所が，その管理人を選任するな
ど必要な処置を講ずる（25 条以下）。この制度を**不在者の財産の管理**
という。また，いくつかの問題（484 条・883 条など）について，住
所は，法律関係を処理するうえでの手がかりとなる。

| 性　別 |

法律を適用するうえでは，ある人が女であ
るか男であるかの区別が問題となることが
ある。労働基準法 4 条などが，その例であるが，民法上，これが重
要な意義をもつものに，婚姻がある。婚姻は，伝統的には，一人の
女性と一人の男性との性的結合を伴う生活共同体として考えられて
きた（731 条・732 条・752 条参照）。そこで婚姻の制度を具体的に運
用してゆくにあたっては，ある人が女であるか男であるかの識別が
前提となる。女どうしの婚姻，男どうしの婚姻は，ありえない（憲
法 24 条の「両性」という表現も参照）。もっとも，民法は特別に規定
を置いていないが，同性どうしの性的関係を伴う共同生活を法律的
にどのようにとらえるべきかは，これから議論してゆく必要のある
問題である。

| 年　齢 |

年齢は，出生の日から起算して得られる時
間の長さである（年齢計算ニ関スル法律 1 項）。

出生から20年が経過することにより，人は，単独ですべての法律行為をすることができるようになる（4条・5条）。このほかにも，ある年齢に達しないとすることができない行為はいくつかあるし（731条・817条の4など），また，なかには，ある年齢に達するとできないこと（817条の5）や，二人のあいだの年齢の比較により可否の定まる行為（793条）もある。

国　籍

どこの国の人であるかも，人の同一性を見定めるうえで重要である。日本の法律は，外国人にも適用されることがあるが，半面において，外国人については，法令・条約で異なる取扱いが定められることもある（3条2項・36条。例として著作権法6条3号など）。そのような取扱いを定めるルールを適用するためには，そもそも，ある人が日本人であるかどうかが決まっていなければならない。ある人が日本の国民である場合に，その人は日本国籍を有するといい，どのような人が日本国籍を有するかは国籍法という法律で定められている（また憲法10条参照）。

個人と家族

このように，いくつかの観点から法律上のアイデンティティが形成される一人一人の人どうしの結びつきを考えるときに，人の自然的結合として基本的重要性をもつものが，家族にほかならない。人をめぐる法律関係を定める民法が家族に関心をもつのは，したがって当然である。そこで民法は，社会的に実在する家族のうち，一定の範囲のものを「親族」という概念ですくいあげ（725条・726条），親族に当たるとされる人々のあいだの法律関係を定める。ふるくから家族は，ともに

農林水産の作業などに従事したり，共同で商工業を営んだりする生産と経営の単位でもあった。家族のありようの多様化に伴って，今日の家族は，むしろ，人が精神的な安定・安息を得るためなどの場所である性格を強めている。いずれにしても家族には，人が社会とのあいだで関わりをもってゆくにあたっての重要な基盤となる役割が期待されている。民法が，たとえば「夫婦は……互いに協力し扶助しなければならない」と定める（752条）のは，そのためであるし，また，一定の範囲の親族に後見開始などの審判を請求する資格を認める（7条・11条・15条）のも，家族が，互いの状況を気づかうことを期待してのことである。後見開始などの審判は，自身で法律上の行為をなすことに無理があると認められる人に対して行われる。後見開始の審判がなされた人は，成年被後見人とよばれ，家庭裁判所が選任する後見人が，その財産の管理に当たる（843条・859条）。

　このように重要である家族の制度を組み立てるにあたり，民法が基軸とする具体的な関係が，**婚姻と親子**にほかならない（→◆**婚姻と親子**）。家族に関する制度が「個人の尊厳」に立脚していなければならないという憲法の要請（憲法24条2項）をどのように実現してゆくかは，なかなか難しい課題である。人は，家庭において，家族との対話などを通じ精神生活の充実を得ることができるが，半面，一人にして欲しいと思うこともなくはない。一人で過ごすクリスマスが寂しいと同時に，配偶者が出張でいないときなど，ふと一人で寝ることのここちよさを感ずることもある。家族が個人のまえに立ちはだかる束縛となることのないよう，法律は，調和のある解決を探さなければならないであろう。夫婦で住むアパートを夫の名前で借りた場合に妻も賃料を支払う義務があるとするのは納得できるが，夫が競馬で遊ぶための資金に借りたお金の返済を妻がしなければな

らないとするのは，おかしい。761条が「日常の家事」の限度で夫婦の連帯責任を認めるのは，そのためである。なお，761条には，日常の家事に関する限り，配偶者が互いに他方を代理する権限をもつ趣旨が含まれると解釈されている（最判昭和44年12月18日民集23巻12号2476頁）。したがって夫婦の一方は，他方に代わって，二人で住むアパートを借りる旨の契約を結ぶことができると考えられる場合がある。

◆**婚姻と親子**　社会の規範によって認められた男女の性的結合が婚姻である。民法の用語法では，婚姻の当事者である女を「妻」，男を「夫」という。夫からみた妻，妻からみた夫が「配偶者」である。日本の法律は，一人の妻と一人の夫との婚姻のみを認める（732条）。また，同性どうしの性的結合は，婚姻とよばない。それにどのような合法的保護が与えられることがよいか，あらためて社会的な論議が深められるべきである。

　満18歳になれば，**婚姻**ができる（731条）。憲法が「婚姻は，両性の合意のみに基いて成立」する（24条1項）と定めるところからも明らかであるように，当事者の合意が婚姻において最も重要であることは，いうまでもない。成年被後見人も，後見人の同意を得ないで婚姻をすることができ（738条），また，当然のことであるが，後見人が代わって婚姻の手続をすることはできない。

　婚姻関係が終了することを**婚姻の解消**という。婚姻の解消は，大きく分けて二つの場合に起こる。第一は，一方の配偶者の死亡であり，第二は，離婚である。離婚は，当事者の合意でするのであれば，特別の理由がなくてもすることができる（763条）。これに対し，一方の当事者の意思に反してでも裁判所が強制的に離婚を成立させるのには，法律の列挙する事由（770条1項）のどれかが存在する必要がある。なお，これらのいずれの形態の婚姻解消においても，

ともに暮らしてきた男女の生活が終了するのであるから，二人で築いた財産を公平に分けることが必要であり，民法は，その仕組みも用意している。一方配偶者の死亡による婚姻解消の場合には相続によりそれが行われるし（890条・1042条），離婚の場合は，財産の分与を請求する権利が認められる（財産分与の具体的な方法は，当事者の協議がまとまらなければ裁判所が定める。768条）。

　親子の関係は，自然の事実に基づいて成立するのが普通である（実親子関係）が，例外的には，自然の事実のうえでは親子でないにもかかわらず，養子縁組（792条以下，817条の2以下）により法律のうえで親子として扱われることもある（養親子関係）。どちらの親子関係においても，子が未成年であるあいだは，子は，父母の「親権」に基づく保護を受ける（818条1項）。具体的には，親権者の「監護及び教育」を受け（820条），また，親権者は，子の法定代理人となる（824条）。親権は，父母が婚姻をしている場合は，父母が「共同して」行使する（818条3項）。たとえば，母が反対しているのに，父が勝手に子の財産を売却処分することはできない（父が，売却の相手方に対し，母も賛成しているとウソを言って売却をした場合は，ウソを相手方が知っていた場合を除いては，この売却行為は有効であるとされている。相手方を保護する必要があるからである。825条）。

| 戸籍簿 |

　ある人を，その人として特定するための最小限の事項や家族関係の状況は，公的な資料により証明できるようになっていることが望ましい。そのために各国が使っている仕組みは，一般に身分登録の制度とよばれる。そのような制度として日本には，**戸籍簿**がある。もちろん，たとえば戸籍簿の年齢の記載が万が一にも正確でないときは，客観的事実により年齢が定まるのであり，そのような意味で戸籍の出生年月日の

図 1-1　戸籍

全 部 事 項 証 明 書	
本籍	大阪府大阪市浪速区難波 9 丁目 50 番
氏名	田中一郎
戸籍事項	平成 17 年 11 月 18 日編製
戸籍に記載されている者	【名】田中一郎 【生年月日】昭和 49 年 1 月 13 日　【配偶者区分】夫 【父】田中太郎 【母】　　花子 【続柄】長男
身分事項	昭和 49 年 1 月 13 日京都府京都市で出生同月 20 日父届出入籍
	平成 17 年 11 月 18 日鈴木洋子と婚姻届出京都府京都市北区金閣寺町 2 丁目 4 番 6 号田中太郎戸籍から入籍
戸籍に記載されている者	【名】　　洋子 【生年月日】昭和 52 年 2 月 24 日　【配偶者区分】妻 【父】鈴木真一 【母】　　史子 【続柄】三女
身分事項	昭和 52 年 2 月 24 日大阪府茨木市で出生同月 8 日父届出入籍
	平成 17 年 11 月 18 日田中一郎と婚姻届出大阪府茨木市大学町 2 丁目 8 番 8 号鈴木真一戸籍から入籍
戸籍に記載されている者	【名】　　花恋 【生年月日】平成 19 年 6 月 6 日 【父】田中一郎 【母】　　洋子 【続柄】長女
身分事項	平成 19 年 6 月 6 日京都府京都市で出生同月 10 日父届出同日同市長から送付入籍

これは，戸籍に記載されている全部の事項を証明した書面である。
平成 19 年 11 月 18 日　　　　　　　　　　大阪市長　織田信三郎　職印

『民法 Visual Materials（第 2 版）』（2017，有斐閣）より

記載は，有力ではあるが，ひとつの証明資料であるにとどまる。住所は，戸籍の附票に記載または記録され（住民基本台帳法 16 条・17 条 3 号），また，性別は，父母との続柄（戸籍法 13 条 4 号・5 号）を明らかにするなかでその性別を明らかにする仕方で（長女・長男など）表示されているが，これらも証明資料としての役割を担うものであることは出生年月日の記載と同じである。

2　市民としての平等

平等ということの
大切さ

人が個人として尊重されるためには，すべての人は互いに対等の立場になければならない。憲法14条の定める法の下の平等は，国や地方公共団体が国民や住民を平等に扱わなければならないということに加え，一人一人の国民相互・住民相互の関係のありかたを規律するいろいろな制度も平等の理念に立脚していなければならない，という要請を含む。

市民としての平等

江戸時代には，すくなくとも公式の呼称としては，武士でない者（商人や農民）が氏をもつことは許されなかったし，旧憲法下では，原則として華族とよばれる家柄をもつ者のみが公爵とか伯爵とかいう称号をもつことができた。このようにして人のあいだに取扱いの分け隔てをつくる社会は，民法を制定し，それにより人と人のあいだの法律関係を律するうえで，ふさわしい社会ではない。武士であるとかないとか，平民であるとかないとかいう区別，すなわち身分を廃し，法の下では等質なものとして扱われる個人，つまり市民が出現した社会こそが，民法が最も適確に役割を発揮できる社会となる。そうであるからこそ民法は，生まれてきたすべての人に権利・義務の主体となりうる資格を与えるのである（3条1項）。刑罰として個人から法人格を奪う制度（民事死）は，認められていない。また，婚姻をした女性（＝妻）という性別に着目した差別として，その財産処分に夫の関与を認めていた制度（1947年改正前の旧規定14条以下）は，1947年に廃止された。さらに，市民と市民とのあいだで結ばれる契約も，

個人の尊厳と両性の本質的平等（2条）に反する内容を含むときには，無効とされなければならない（90条）。男女別定年制を定める就業規則が無効であるとされた（最判昭和56年3月24日民集35巻2号300頁）のは，このような文脈において理解するのに，ふさわしい事例である。

積極的是正措置	

　もっとも，社会にさまざまな事実上の不平等が実在することを考えると，半面において私たちは，そうした不平等を除去するためには，一定の不平等を，あえて認めなければならないという課題にも直面する。5人の理事のうち少なくとも2人は女性にしなければならないという法人の定款の定めは，同じ能力をもつ男女が理事の椅子を争う際に男性の側に不利に働くことがある。しかし，両性の共同参画による法人の運営という理念が背景にあるとすれば，あながち不当とはいえないであろう。国の組織についてであるが，出身大学の偏りを是正しようとする措置に国家公務員法5条5項があり，これも，類似の観点から位置づけることができる。

③　市民としての自由

自由ということの大切さ	

　人が個人として尊重されるためには，人はまた，自由でなければならない。国などの公権力が個人の自由を侵してならないことはもとより，諸個人の相互においても，互いに自由を尊重するような状況を確保することに，法律は配慮しなければならない。このようにして，自由を確保するということは，民法の解釈においても特別の価値を有する課題となる。

人身の自由

では，どのような自由が保障されるべきか，といえば，何よりも，人が自由に動くことができる，ということが重要である。人身の自由（憲法18条）を確保するため，**人身保護法**は，特別の裁判手続を設けている。法律上の正当な手続によらないで拘束されている者がいる場合に，請求を受けた裁判所は，その人を法廷に連れてくるよう拘束者に対し命じたうえで，取調により拘束が不当と判断されるときに，その場での釈放を命ずる（同法16条3項）。この制度は，拘束者がだれであるときでも適用され，また，すべての人が資格の制限なく手続を請求することができる（同法2条2項）。

思想・信条の自由

諸個人が自由に思考することができ，また，考えたことを自由に表明することができる，ということが，市民的自由の中核に置かれる。人身の自由も，このような意思表明の自由の基盤をなすものであるからこそ重要なのである（自身の身体に対する支配の確保という課題においては，さらに，このような要請とは一応は切り離された問題として，物体としての身体の支配処分可能性という問題がある（読書案内））。

　他人の意思表明を妨げる行為は，不法行為（709条）を構成する。くわえて，自由を直接に侵害する行為のみならず，市民的自由の作用に間接的に不当な影響を及ぼす行為も，抑止されなければならない。たとえば，ある職業を営む者が必ず加入しなければならない団体の多数決で特定の政党への資金の寄付を決めることは，その政党を支持しないとする各構成員個人の意思表明を直接に妨げるものではないが，それに不当な影響を及ぼす。この多数決決定を無効とするにあたり最高裁判所が「市民としての個人的な政治的思想，見解，

判断等に基づいて自主的に決定すべき事柄」の大切さを強調する（最判平成8年3月19日民集50巻3号615頁）のは，もっともであるといわなければならない（この判例の意義は，第4章④◆**定款で定める法人の目的**において，さらに検討する機会がある）。

④　民法における人のとらえかた

<u>人　格　権</u>

平等や自由ということのほかにも，人が，個人としての尊重を受けることに基づいて保護されるべき人格的諸利益がある。マンションの上の階の住人が床を踏みならすため安眠できないというときに下の階の人には，住居でのくつろぎを妨げられる生活妨害が生じている。こうした行為に対し差止めや損害賠償を求めることを含め，人格的諸利益に対する保護の総体を**人格権**とよぶ。

◆**「人」の法の構築**　日本の民法は，人格的諸利益の保護に関わる体系的規定を欠く。もちろんたとえば，710条を見れば名誉や自由に対する侵害が損害賠償の対象となることがわかるし，723条は名誉侵害の特定的な救済方法を定める。しかし，民法全体として見たときに，第二編・第三編は財産を，第四編・第五編は人そのものではなく家族とのつながりのなかで捉えられる人を主題として扱い，第一編も大部分は財産関係の処理を念頭に置く規定である。このような実定法編成上の限界の下で私たちには，《「人」の法》の体系の構築が学問上の課題として課せられる。その際には，まず，(1)個人その人のありかたが主題である領域と，(2)個人と家族の関わりを扱う領域とを区別したうえで，さらに前者を(1-1)人格的諸利益の保護に関わる部分と，(1-2)保護を要する人への援助の仕組みを定める部分とに，ひとまず分けることができる。夫婦が互いに負う

義務（752条）は(2)の問題であり，氏名や名誉の法的保護は(1-1)で扱われる。(1-2)で扱われる典型的な問題が後見（838条以下）であるのに対し，親子の法律関係は(1-2)と(2)の境界に位置する。父母が常に親権者であるとは限らない（834条参照）から親権の効力の体系上の位置は(1-2)であると考えられるのに対し，若くして家庭を持とうとする子への助言は最も身近な大人として「父母」のする仕事（737条。つまり(2)の問題）である。父母が離婚した場合の子との面会などの交流の問題（766条）も，こちらに近づけて理解することができるかもしれないが，子の利益を優先して考慮されるべき問題であることが忘れられてはならない。2011年の766条の改正について，栗林佳代『子の利益のための面会交流——フランス訪問権論の視点から』（2011年，法律文化社）10-11頁注3。

| 世界人権宣言 12 条 |

人格権の内容をなす具体的な諸要素は，幅広いものであり，それらを限定して列挙することは難しい。ここでは，1948年に国際連合総会が採択した**世界人権宣言**の12条を参考にして主要なものを見ておこう。そこに掲げられている「私生活（「自己の私事」）」「家族」「住居」「通信」「名誉」は，それらが政府の行為により侵害されてならないものであるばかりでなく，市民相互においても互いに尊重すべきものである。「私生活（プライバシー）」に対する保護は，みだりに私的な生活を人に知られることのないようにすることを内容とする。これには，人の肖像を他人が勝手に再生して公表することがあってはならない，ということを含む（肖像権）。愛情に支えられた「家族」とのつながりのなかで生活を営む権利も，大切にされなければならない。近親者の生命を違法に侵害されたことによる精神的な損害の賠償を請求できる（711条）のは，この権利の具体化である。もっとも，

近親者が死亡したときに，その葬祭を行う権利を，どのような限度で尊重すべきかは，難しい問題を含む（読書案内）。自身の「住居」に，みだりに他人が立ち入らないということ（209条1項ただし書参照）も，重要である。「通信」の保護の中心的な意味は，発信者と受信者のあいだの通信を第三者が妨害したり，盗聴したりしてはいけない，ということにあり，発信者が自身の正体を告げないで通信を試みる権利を無条件に保護するものではない。自社の説明を十分にしないままなされる執拗な電話勧誘が規制を受けること（特定商取引に関する法律16条）は，当然である。最後に「名誉」が法的保護の対象となることは疑いようがない（710条・723条）けれども，半面でマスメディアなどによる公正な評論も許容されなければならない（刑法230条の2参照）。両者の調整の具体的なありようは，このシリーズの『民法——債権』で学ぶ。

民法における人の
イメージ 民法が対象とする人は，ひとまず各人の具体の在り方を離れて抽象化された存在である。かつて，その人が武士であるかどうか，といったことに着目して法律の適用関係に差異を設けていたような姿を否定して成立したところに，近代の民法の特徴が見出される。しかし，そうした前近代的な身分のようなものとは全く別の観点として，現代社会の構造を分析したうえで，そこから定型的に抽出される人の具体像ということに，民法学は，無関心であってはならない。

（1） たとえば「国民の半数近くが……雇用関係の下にあるか，雇用関係に入ることを予定している」ところの私たちの社会（本シリーズ『労働法』）において，労働者という人の存在態様に着眼した

法律のルールを的確に用意しておくことは，重要な課題である。労働者の賃金債権に優先的な保護を与えたり（308条。その手続上の実効を配慮する規定として民事執行法181条1項4号・197条2項など），労働者が団体でする行動について損害賠償責任の成立を否定したり（憲法28条，労働組合法8条参照）する場面において，民法は，労働者の保護と関わりをもつ。

　(2)　類似の問題を考えなければならないテーマに消費者がある。消費者と事業者とのあいだには，情報の質・量および交渉力に格差があるから，両者を単純に抽象的な"人"として捉えることは，現実に適さない。そこで消費者契約法2条は，消費者と事業者とのあいだに成立する契約を「消費者契約」の概念で把握したうえで，これについてのルールを用意する。その詳細は後述することとし（第3章1②関連／消費者契約法に基づく取消し，同③関連／消費者契約法に基づく不当条項の無効）また，第1章3■成年後見制度のこれから参照），ここでは前提概念の確認をしておこう。消費者とは何か，事業者とは誰を指すのか。まず，法人などの団体は常に事業者である。では，個人は，どうであろうか。企業に勤めている人が，アフターファイブを迎え，家路につく情景を想い描いてみよう。昼間に雇用される者として働いているときに関与する企業の取引は，事業者のする契約である。その企業が他の企業とのあいだで結ぶ契約は，消費者契約ではない。そうではなく，皆さんが家路についてマーケットで夕食の食材を買う，あるいは休日に家族とマイホームを買うために不動産屋を訪ね，事業者から不動産を買う，これらはすべて「事業として又は事業のために契約の当事者」となるのではないから，このような立場にいる個人は，消費者である（消費者契約法2条1項・2項。同じ夕食の食材でも，おとなりの家から，たまたま余っていた野菜を分け

てもらうことは，いずれの当事者も事業者ではないから，消費者契約ではない）。

5　財産に関する諸権利

財産権

　人格的な諸利益の保護の次に考えなければならないことが，財産に関する権利の保障である（憲法 29 条 1 項参照）。人が心のなかで自由に考えをめぐらし（思想・信条の自由），考えたことを自由に表明できる（表現の自由）ということが，法的に保障されなければならないと同時に，これらを具体的に行うためには，鉛筆やあるいはパソコンのようなものを買ってきて，そして，それらを自由にすることができる，ということが必要である。またそれ以前に私たちは，自分の生存のために，衣食住に必要な物を買い，あるいは，それらのものを買うために，働いて，お金を得なければならない。

**所有権に代表される
諸権利**

　たとえばパソコンの所有権を有する者は，パソコンを盗もうとしたり，その使用を妨げたりする者に対し，それがだれであっても，それらの行為を止めるよう請求することができる。このように，物に関する利益が，権利を有する人にのみ排他的に帰属することを保障する財産権は，物権とよばれる。その代表例は所有権（206 条）にほかならない。また，**物権**には所有権ではないものもあり，たとえば，何らかの施設を設置したり，樹木を植栽したりするために他人の土地を使用する物権（265 条）を取得した者は，土地の使用を妨害する者に対し，それを止めるよう求めることができる。各種の物権については，本書の第 2 章 *2* と第 5 章で学ぶ。

パソコンを販売する旨の契約を結んだ人，つまり売主は，買主に対し，代金の支払を請求する権利を有する。このように，特定の人（その人は債務者とよばれる）に対し，一定の給付を請求することのできる権利を**債権**という。ここでいう一定の給付には，さまざまなものが考えられる。パソコンの買主の側には，反対に，パソコンを引き渡すよう請求することができる債権（そこでは物の引渡しが給付である）を有するし，企業で働いている人は，雇用先に賃金の支払を請求する債権（給付は金銭の支払）を有し，反対に，雇用先は一定内容の労務の提供（作為）を請求する債権を有する，というふうに，である。さらに，夜9時以降はピアノをひかないという約束をした人は，ピアノをひかないようにすること（不作為）を給付とする債権の債務者になる。

■ "悪魔"という名も許されるか

親が子に「悪魔」という名をつけることは，許されるでしょうか。子に名をつける権限を命名権といいます。悪魔という名をつけることもまた命名権の正当な行使として認めることができるかは，実際に起こった事件で問題となりました。裁判所は，これを命名権の濫用であるとし，戸籍の事務を掌る市町村長から出生届の受理を拒まれてもやむをえないものであったとしました（東京家庭裁判所八王子支部平成6年1月31日付け審判，判例タイムズ844号75頁）。

命名権がどのような権利であるかについては，まず，これを親権の一作用であると説く見解（親権説）があります。親権者は子を「監護」する者であり（820条），命名を最初の重要な監護の行為であるととらえ，戸籍法が父母に出生届出の義務を課すること（52条1項・2項）も，この趣旨から理解されます。これに対置される見解は，命名をもって子自身の有する人格権の一要素であると考え，父母などは，これを代行する

ものであると説くもの（人格権代行説）です。親権が子の利益のために行使されるべきこと（820条）の強調を補いつつ親権説をとるゆきかたも十分に考えられますが，氏名が人格権の重要な一要素であるとする体系的見地からは人格権代行説が妥当でしょう。特別な公的コントロール（戸籍法50条・107条の2，最決平成15年12月25日民集57巻11号2562頁）が名について働くことも，この理解からこそ整合的に導くことができます。また，棄児の命名を市町村長がすること（戸籍法57条2項）も，命名の時には親権者に代わるべき者（838条1号・840条）が未だ選任されていないという技術的な理由からではなく，そこでの市町村長は，いわば生まれてきた子を迎え入れる私たちの代表として命名をするものである，という積極的な意義づけとともに，説明されるべきでしょう。濫用的な命名も，親権濫用の基準とは別の見地から，「代行」性を十分に意識したうえでの判断がなされるべきです。

📖 **読書案内**　人格権をめぐる問題状況について，五十嵐清教授の法学教室171号（1994年）25頁以下の解説参照（同号の他の論稿も興味深く読むことができる）。人格権を含め「人」の法を構築する必要が本当にあるか，という疑問は，しばしば実利主義的な見地から寄せられる。名誉侵害に対しては明文上すでに損害賠償と原状回復の仕組み（710条・723条）が用意されているといった指摘であるが，これに対しては，事前の差止請求の途が判例形成により開かれたこと（最判昭和61年6月11日民集40巻4号872頁）が，まず注意されてよい。くわえて，人の在り方の原則を明らかにするという民法の基本的役割を問題とする文脈では，課題のとらえかたが過度に機能的であってはならない，ということも大事である。臓器の移植に関する法律が提供者意思の尊重をいうにとどまる（2条1項）のに対し，民法典での「人体の尊重」の宣言から出発するフランス法については，たとえば「『ほっとする』ような特色があるように見え」るという発言（北村一郎・ジュリスト1092号〔1996年〕74頁）がなされているが，これを単なる感慨と受け止めては

ならないであろう。住所が複数あってよいとする通説に対する大村敦志・民法判例百選（第4版, 1996年）20頁（本文引用昭和29年判決の解説）も，同様の観点から一読に価する。

　逝きし家族を想う営みも人格権の保護に含まれる。民法は祭具などの承継を問題とするにとどまる（897条）が，家族の意思に反する他者の宗教行為に「寛容」を求めた最判昭和63年6月1日民集42巻5号277頁は，民法上・憲法上の問題を提起する。樋口陽一『憲法』（第三版, 2007年, 創文社）226-7頁〔120〕。

　家族をめぐる新しいさまざまな問題を考えるうえで，自己決定権の考え方は，重要である。これを手かがりに夫婦別姓の問題を考えることなどは有益であろう。もっとも，たとえば，たとえ離婚をしても財産分与は一切求めないといった約束を自己決定権の名の下に直ちに正当視することはできない。吉田克己「自己決定権と公序」瀬川信久編『私法学の再構築』（1999年, 北海道大学図書刊行会）は，自己決定権と公序（とくに同論文のいう保護的公序）との対置を通じ，これらの問題を考えるヒントを与える。同『現代市民社会と民法学』（1999年, 日本評論社）219頁以下も参照。

2 権 利 能 力

1 権利能力の概念

具体例で考える　たとえば，ここに一枚の絵があって，その絵の所有権というものを考えるときに，ある人が，その所有権をもっている，すこし難しく言い換えると，その人が所有権の主体である，ということは容易に理解できることが

らである。これに対し，犬が絵の所有権の主体である，ということは，ありえない。また，ある建物が所有権をもっている，ということも考えられない。さらに，ある人が所有権をもっていたときにも，その人が死んでしまったならば，その人は所有権の主体でありつづけることはできなくて，相続人が絵を相続する。このように考えてくると，所有権という権利の主体となるのには資格が必要であることがわかる。

| 権利能力とは |

しかし，所有権という権利だけではなく，義務についても同じような問題がある。絵を買った代金を支払う義務の主体となるということも，犬や物ではできない。生きている人に，認められることである。義務の主体となる，という言い方は，すこしおかしくきこえるかもしれないが，ある人が義務を負うという事態が，法律的にありうるか，という意味に考えればよい。このようにして，権利や義務の主体となる資格をもつことを，**権利能力**がある，と言う。もっとも，ここでは，選挙で投票をする資格があるかどうかといった公法上の問題は視野の外にある。そこで，権利能力の定義をするにあたっては，問題となる権利や義務に，"私法上の"という限定をつける必要がある。だから，権利能力を厳密に定義すると，私法上の権利義務の主体となる能力，ということになる。

| 意思能力や行為能力と
区別する |

権利能力は，若干の例外的取扱いはあるにしても，原則としては，生まれた時からあとについて認められ，死ぬ時まで続く。生まれた時から認められるのであるから，オギャーオギャーと声をあ

げている乳児にも権利能力が認められる。すなわち，たとえば絵の所有者となることができるのである。もちろん，その乳児が，自身で，意味をわかったうえで絵を買うということは，期待できない。買うという行為は親権者や後見人が代わってせざるをえない。所有権の主体になる資格がある，ということと，所有権を取得する行為を自身でできる，ということとは区別する必要があり，後者は，意思能力または行為能力の問題として，*3*で学ぶ。

2 権利能力の始期

始期の原則

ある自然人に権利能力が認められるという状態は，ある時期に始まり，ある時期まで続く。自然人の**権利能力の始期**は出生の時であるのが原則である（3条1項）。人は，生まれたその瞬間から，たとえば物の所有者となることが可能となる。

始期についての例外

生まれるまでは権利能力が認められないという原則に対しては，例外がある。法律が特別に定める事項については，赤ちゃんがお母さんのおなかのなかにいる状態，つまり胎児の段階から権利能力が認められる（→◆胎児の権利能力）。ただし，胎児が死体で生まれる死産の場合には，このような例外的な権利能力の取得は認められない。生きて出生した場合に胎児について法律が権利能力の取得を認めるのは次の三つの場合である。

(1) **不法行為に基づく損害賠償請求** 故意または過失により他人の権利を侵害することが不法行為である（709条）。例を挙げよう。不注意な自動車の運転で歩行者を死に至らしめる行為は，過失

による不法行為であり，加害者は「被害者の……子に対して」損害の賠償をしなければならない（711条）。そして，ここでは胎児は，生まれた子と同じに扱われる（721条）から，被害者であるお父さんの事故による死亡のあとで生まれたという場合でも，損害の賠償を請求できる。

　(2)　相続　　お父さんが死んだとき，その子は，お父さんのもっていた財産を受け継ぐことができる（887条）。そして，相続については，胎児は生まれたのと同じに扱われる（886条）から，お父さんが死んだ時にまだお母さんのおなかのなかにいる赤ちゃんも，子として相続人になることができる。

　(3)　遺贈　　自分が死んだらある人に財産を与える意思を遺言で表明することを遺贈という。遺贈により財産を与えられる人が受遺者である（964条）。遺贈により財産を取得することも権利能力に基づくのであるから，遺言をした人が死亡した時に，受遺者は権利能力を有していなければならない（985条1項参照）。そして，ここでも胎児には権利能力が認められる（965条による886条の準用）から，遺言者の死亡の時に生まれていなくても遺贈を受けることができる。

◆胎児の権利能力　　例外的に胎児の権利能力が認められる場合において，胎児が生まれるまでのあいだ具体的にどのような法的処遇を受けるか，をめぐっては，解釈が二つに分かれる。第一は，生まれるまでは権利能力を有せず，生きて生まれて初めて胎児の時期から権利能力を有していたものと扱う考え方であり（人格遡及説），第二は，生まれる前でも，法定代理人（生きて生まれれば法定代理人となるはずの者）が，本人である胎児のために法律行為をなしえ，ただし，死産の場合は，遡って権利能力を有しなかったものと処理

する考え方である（制限人格説）。判例は，721 条が問題となった
事案において，「胎児カ不法行為ノアリタル後生キテ生レタル場合
ニ不法行為ニ因ル損害賠償請求権ノ取得ニ付キテハ出生ノ時ニ遡リ
テ権利能力アリタルモノト看做サルヘシト云フニ止マ〔る〕」とい
うふうに同条の趣旨を解し，人格遡及説をとった（大審院の昭和 7
年 10 月 6 日の判決，大審院民事判例集 11 巻 2023 頁）。判例の見解
は，法定代理人が不適当な権利処分などをなすことの防止には役立
つ。が，反対に，たとえば生まれるまでのあいだに不法行為加害者
の資力が悪くなるなどの事態にあっては，胎児の保護に支障を生ぜ
しめる。このような点を考慮して，権利を「保存」する行為のみを
法定代理人に認める中間の見解もあるが，「保存」の意味は，はっ
きりしない（たとえば，損害賠償債権のために取った物的担保につ
き実行手続が開始された場合に法定代理人は配当を受けうるか，受
けえないとすると裁判所は配当金をどうすればよいか）。法定代理
人が失当な処分・管理を行うかもしれないという危惧は，ここでの
特殊な問題ではなく，法定代理一般につきまとうことであるから，
人格遡及説をとる決め手にはならない。また，886 条との関係では，
遺産分割を暫時禁ずることもできること（907 条 3 項）などを考え
ると，制限人格説が妥当であると考えられる。

3 権利能力の終期

いつが終期か

権利能力の終期，つまり，人が権利義務の
主体である資格を失う時期は，その人の死
亡の時であると考えられる。始期とは異なり，このことを定める明
文の規定はないが，しかし，これ以外には考えられない。死亡の後
にも権利能力を保ちつづけるという事態は，想定困難であるし，反
対に，生きている人間の権利能力を奪う制度は，人が「個人として

尊重される」べきものとされる近代市民社会（憲法13条）においては，許されないからである。

**終期が来たことの
具体的な意味**

ある人が土地を所有しているときに，その人が死亡すると，その人の権利能力，すなわち権利や義務の主体となる資格が失われるから，その人が土地を所有しているという法律状態は存続が許されないこととなる。では，その土地は，どうなるか。特別の例外的な事情がある場合を除き，土地の所有権は，**相続**の対象となる（896条）。人の死に伴って生ずる法律効果にはさまざまのものがある（554条・985条）けれども，その代表的なものが相続である（882条）。相続により上例の土地は，相続人の物になる。誰が相続人になるかは，状況に応じ異なる。

> 土地を所有しているのがAである場合に，Aには長男のBという子が一人いる。Aには配偶者がいないが，Bには妻のCがいる。なお，AにはDという妹がいる。Aが死亡した場合に，土地を相続するのは誰か。

　子は必ず相続人となる（887条1項）から，Bが相続人となることは疑いがない。Dは，子がいない場合に初めて相続人となる可能性が開かれる（889条1項2号）から，Bがいる以上，相続人となる余地はない。また，Cは，Aの子ではなく，Aの子の配偶者であるにすぎないから，相続人とはならない。

ＡとＢが連れだって冬山の登山に行って，道に迷い，やがて二人とも遺体で発見されたとしよう。まず，Ａが息絶え，ついでＢが力尽きて死んだのであるとすると，Ａの所有していた土地は，子であるＢが相続し，ついでＢの死亡に伴いＣがＢの相続人となる（890条）から，最終的にはＣの物になる（①）。しかし，ＡとＢの死亡の時間的先後が逆であるとすると，Ａについて相続が開始した時点でＢはいないから，Ｄが相続人となり，土地がＣの物となる余地はない（②）。そして，死亡の先後が証拠により証明できる場合は，証明できた事実関係に応じ，それぞれ①または②の結果となる。しかし，誰も見ていない山のなかで二人が死亡し，時間が経ってから遺体が見つかった場合，死亡の先後が明らかでないことも多いであろう。そのような場合は，ＡとＢは同時に死亡したものとして法律関係を決める（32条の2）。これを**同時死亡の推定**という。この推定が働く場合，ＡとＢのあいだには互いに相続は起こらないから，②と同じ結果になる（互いに相続が起こらないのであるから，Ｂの財産を889条1項1号によりＡが直系尊属として承継する余地も否定される）。

Ａの行方がわからなくなって長い年月が経過するということになると，Ａの財産の扱いに実際上さまざまな不都合が出てくる。そこで，Ａが死亡したものと扱い，相続を開始させることとするために民法が用意する制度が**失踪宣告**であり，これには，普通失踪と危難失踪の二種類がある。**普通失踪**は，原因を問わず，「生死が……明らかでない」期間が7年以上にわたる場合に，利害関係人の請求により家庭裁判所

が宣告する（30条1項）。この宣告がなされると，Aは，7年が経った時に死亡したものとみなされ（31条前段），Aの死亡を前提とする法律関係の処理が可能となる。相続人であるBが土地を承継取得するから，Bが，この土地をEに売るといったことが可能になる。

また，**危難失踪**（特別失踪ともいう）は，戦争などの危難に巻き込まれた者が「危難が去った後一年間」生死が明らかでない場合に，危難の去った時に死亡したものと扱う制度である（30条2項，31条後段）。普通失踪と危難失踪では，死亡したものとみなされる時期が，期間の満了点か起算点かというちがいがあるが，これは，たとえば戦争で行方不明になった者は，その戦争が原因で死んだ確率が高いという経験上の判断に基づいている。

| **失踪者が生還したら** |

失踪宣告を受けた者が生存をしていることが判明した場合は，本人または利害関係人の請求により，家庭裁判所は，失踪宣告を取り消さなければならない（32条1項前段）。Eへ土地を売って代金が手元に残っているBは，これをAに渡さなければならない（32条2項）。ただし，たとえばAが生きていることを知らないでBとEが，Bを売主とし，Eを買主とする土地の売買契約をした場合に，この契約に基づくBからEへの土地の所有権の移転は影響を受けない（32条1項後段）。なお，Aが死亡したことはまちがいないとしても，「〔31条に〕規定する時と異なる時に死亡したことの証明があったとき」も家庭裁判所は失踪宣告を取り消さなければならない（32条1項）。同時死亡の推定のところでもみたように，死亡の時期がちがうと法律関係が異なってくる可能性があるからである。

3 意思能力と行為能力

1 意 思 能 力

> 意思表示の概念

権利能力は，権利義務の主体となる資格で
あり，これは出生により認められるから，
よちよち歩きの小さな子どもであっても，たとえば絵の所有者とな
ることができる。このことと区別をしなければならないのは，では，
その小さな子どもは，自分で絵を売ったり買ったりする取引をする
ことができるか，という問題である。この問題を分析するための準
備として知っておかなければならないのが**意思表示**の概念である。
私たちが日常用語で"取引をする"といっていることは，法律学で
は，この意思表示の概念を用いて説明される。

　表意者が，ある法律効果の発生を意欲し，その旨を外部に表明し
た場合において，法律が表意者の意欲した法律効果の発生を認める
ときに，この表意者の行為を意思表示という。Ａが，その所有す
る絵を売りたいと考えて，この旨をＢに告げ，Ｂが絵を買う旨を
Ａに告げた場合に，ＡからＢへ絵の所有権が移転する，という結
果が法律的に認められる。この場合に，Ａは売買の申込みの意思
表示をしており，Ｂは，その承諾の意思表示をした。Ａのほうに着
目して，もう少し詳しく見てみると，申込みの意思表示の表意者は
Ａであり，Ａの意欲した法律効果は，売買に基づく絵の所有権の
移転である。意思表示というものを，その成立に向けての時間的な
順序に従って分析してみるならば，それらは，大きく二つの部分に

分かれる。第一は，**内心的効果意思**の形成であり，絵を売ろうとい
う意思をＡが心に抱くことをいう。第二は，そのような意思を外
部に表明する過程であり，これは，さらに，**表示意思**（たとえば絵を
売りたい旨を書いた手紙をポストに入れようと思うこと）と**表示行為**（ポ
ストに入れること）とを含む。

| 意思表示の効力 |
表意者の意思とみられるものの外部への表
明があれば，いちおう外部からは，表意者
には表示の通りの内心的効果意思があるようにみえるから，意思表
示が存在することは認めざるをえない。しかし，意思表示があった
場合に，常に表示された通りの法律効果を認める（意思表示として有
効である）としてよいか，となると，すこし問題が残る。二つの問
題を出そう。所有している 10 万円の絵を 5000 円のポスターと勘違
いしたＡが，絵を指さして，「これを売りたい」といった場合に，
表示されているのは，10 万円の絵を売りたい，という意思であるが，
Ａは，内心では，そうは思っていない。また，絵を所有していた
お父さんが死んで，これを相続した幼稚園児が「オジサンニ，コノ
エヲ，ウリタイ」と言ったとしても，この幼稚園児は，絵を売る，
ということの法律的な意味を正しく理解していなかった可能性があ
る。これらの例においては，表示に対応する内心的効果意思が存在
しない。まずここでは，表意者が幼い子どもであるという，まさに
人をめぐる状況に着目すべき後者の例を取り上げよう（前者は第 3 章
1 ②　錯誤 で扱う）。

| 意 思 能 力 |
ある行為の結果として生ずる法律上の効果
の意味を理解することのできる精神的な能

力のことを，**意思能力**という。意思能力の欠けた状態（意思無能力の状態）で行われた意思表示は，無効である（3条の2）。財産の移転などの法律上のさまざまな変動は，原則として，人の意思に基づいてされなければならない。この考え方が，**意思自治の原則**あるいは**私的自治の原則**である。内心的効果意思が存在しない意思表示は，意思自治の原則からいえば，原則としては，無効であるとされなければならない。絵を売りたいと言った幼稚園児も，売買の法律的な意味を知らないで言ったのであれば，その意思表示は，無効である。

意思無能力の具体例　意思無能力の状態は，幼児だけでなく，大人でも起こることがある。精神に重い障害のある人のする意思表示や，泥酔した人のする意思表示は，意思無能力の状態でなされたとみるべき事例が少なくないであろう。ただし，注意をしなければならないのは，意思無能力かどうかは，個別に判断される，ということである。人により知的発達の度合は差があるから，何歳以上の人は意思能力があると画一的に言うことはできない。また，同じ子どもであっても，法律行為の種類ごとに個別の判断が必要であり，単純な行為（売る，とか，あげる，とかいう行為）について意思能力があると考えられる人が，より難しい行為（貸す，とか，預かるという行為）についても意思能力があるとは一概にはいえない（さらに細かく言えば，同じ売るというのでも，不動産を売るというのと動産を売るというのとでは同じには論じられないであろう）。意思能力があるかないかは，このように，意思表示のなされた時の個別の状況に即して検討されるべき問題である。

②　行為能力の概念

チャレンジする人　売買や贈与のような何らかの法律行為をするにあたっては，その行為の意味を理解してする必要がある。法律行為の意味を理解する知的能力を完全に欠いた状態でした意思表示は，意思無能力を理由に無効とされる。そこで，継続的に意思能力を欠いた状態にあったり，あるいは，そこまではいかなくても，法律行為の意味を理解する知的能力が十分でない状況にあったりする人のためには，そうした人々が，それにもかかわらず法律の世界における活動を可能とする仕組みを用意しておかなければならない。そうした状況は，けっして異常な状態なのではなく，私たちはだれでも，知的能力が十分でなかった子どもの時期を経て成長し，そしてやがて，人によって差異はあるにしても加齢とともに理解や判断の能力が減退する。また，精神の重い病気にかかることも，ないとは限らないであろう。他人が，そして自分がそうした状態になったときに，困難の克服にチャレンジしてゆくことを可能とするうえでは，近くにアドバイザーがいることが望ましい（読書案内）。アドバイザーを設けるために法律が用意している仕組みは，たとえば次のようなものである。まず，自身の知的な判断能力が十分でないと考える人は，裁判所に行ってアドバイザーを附けてくれるよう求めることができる。しかし，自身では精神の衰えに気づいていないこともあるであろう。そこで，その人を近くで見ている親族や，あるいは公益の代表者である検察官も，アドバイザーを附けることを裁判所に求めることができる（11 条）。こうしてアドバイザーが置かれたときには，本人は，重要な法律行為をするにあたっては，アドバイザーの同意を得なければならない。本人が

単独でするならば，不利な取引条件で軽率に法律行為をするおそれがあるからである。本人は，同意を得ないでした行為を取り消すことができる（13条4項）から，言い換えると，本人は単独では法律行為をなしえないことになる。

| 行為能力の制限 | 確定的に有効な法律行為を単独ですることのできる資格を**行為能力**という。法律により行為能力を制限される者を**制限行為能力者**という（→■行為能力制度の今昔）。制限行為能力者がした意思表示は，法律の定める一定の要件の下に，取り消すことができる。ここに"取り消すことができる"というのは，裏返して言うならば，取り消さないこともできる，ということを意味する。たとえ制限行為能力者が単独でした行為であっても，とくに軽率になされたというのではなく，取引の内容も特別に不利なわけではない，という場合には，制限行為能力者の側の判断で，その行為を取り消さないでおくことも考えられる。

| 相手方の保護 | 制限行為能力者は，自身が単独でした行為を取り消すこともできるが，取り消さなくてもよい。とすると相手方は，法律行為を有効なものであると考えてよいかどうか，わからないということになり，不安定な状態に置かれる。この不安定な状態を脱するため，相手方は，1か月以上の期間を定め，取り消すか取り消さないかを期間内に確答すべきことを催告することができる。もし期間内に確答がないと，法律の定めるところに従い，ある場合には取り消したものとみなされ，またある場合には，取り消さないこととしたものとみなされる（20条）。

なお，自身を制限行為能力者でないと思い込ませるために詐術を

用いた者には，取消しをする権利が認められない（21条）。ここで詐術とは，人を欺くに十分な言動をもって相手方の誤信を誘い，または誤信を強めることである。単に制限行為能力者であることを告げなかったのみであれば，それは，詐術ではない。しかし，ほかの諸事情と合わさって相手方の誤信を誘い，または強めたときは，制限行為能力者であることの黙秘が詐術に当たるとみられることがある（最判昭和44年2月13日民集23巻2号291頁）。

意思能力との関係

意思能力があるかないかは，意思表示がなされた時の状態に着目して，個別に判断されることであり，その時に意思無能力であったことは，表意者の側で証明しなければならない。その証明は，必ずしも容易ではないことがあるであろう。また，意思無能力の制度のみでは対応できない問題もある。たとえば意思能力を欠いた状態が続いている人のためには，本人に代わって財産を管理する人を置かなくてはならない。意思能力を欠くわけではないものの判断の能力が弱まっている人のためにも，同様の配慮が要る。そこで行為能力の制限の制度は，こうした人たちを類型化し（法律で類型を定めるから，行為能力の制限の証明は容易である），それぞれの類型にふさわしい仕方で，本人の財産の管理にあたる人を設けることとしている。意思無能力と行為能力の制限の二つの制度は，このようにして併存する関係にある。

◆意思無能力と行為能力の制限との関係　たとえば成年被後見人が，その所有する土地を他人に贈与する旨の意思表示をしたとすると，この意思表示の効力は，どのように考えるべきか。意思能力のない状態で行われたのであるとすると，無効ということになり，半面，成年被後見人の行為であるから，取り消すこともできる（9条）。

図1-2

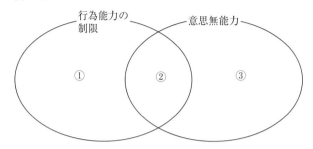

従来の学説は，無効の主張と取消権行使のいずれかを選択して主張
できると考えてきた。単純素朴に考えると，無効である行為を取り
消すということは，おかしいようにも思える。しかし，表意者を保
護するための制度である意思無能力無効では，無効は表意者の側か
らのみ主張できると考えるべきであるから，表意者の側が，無効を
主張しないで取消権を行使することも論理的にありうる，と考えて
よい。このように選択的な主張を認めることを，「二重効」を認め
る，という。こう考えると，意思無能力と行為能力の制限は，**図
1-2**のようにクロスする形で併存する。読者は，図の①・②・③の
それぞれに当てはまる具体例を挙げることができるであろうか。こ
こでは一つずつ挙げておこう。ほかの例を自身で考えてみることを
お勧めしておく。①18歳の少年が意思能力に問題のない状態でし
た意思表示，②前頁設例の成年被後見人の例，③後見・保佐・補助
が開始されていない成年者が意思能力を欠く状態でした意思表示。

③ 行為能力の制限

未成年者

法律の規定により行為能力の制限を受ける者を制限行為能力者という。これには四つの種類があり，民法の規定の排列で初めに出てくるのが，**未成年者**である。未成年者とは，成年に達しない者であり，成年とは，満18歳をいう（4条）。

未成年者には，**法定代理人**とよばれる保護者がつけられる。法定代理人は，**親権者**である場合と後見人である場合とがある。原則は親権者であり，これには父母がなる（818条1項）。親権者となる父母が婚姻をしている場合は父母が共同して親権を行う（同条3項。共同して，ということの意味は，父母両者の意見の一致がある場合にのみ同意権や代理権を有効に行使できるという意味である）。父母が離婚をするときには，**共同の親権行使**が円滑に行われることを期待できないから，一方のみが親権者となる（819条）。こうして一人または二人の親権者がいるときは親権者が法定代理人であるが，両親が二人とも死亡するなどして親権を行う者がいないときには，後見人が法定代理人となる（838条1号）。後見人は，ふつうは家庭裁判所が選任して決める（840条。例外は839条）。未成年者の法定代理人である後見人は，あとに出てくる後見開始審判があった場合に設けられる後見人と区別をする意味で，**未成年後見人**とよばれる（10条括弧書参照）。

未成年者の所有する財産を，たとえば，売ろうとするとき，未成年者が単独で行為をすることは認められていない。法律的に有効に売却を行うための方法は，二つある。一つは，法定代理人が未成年者を代理して法律行為をなすという方法である（824条・859条）。すなわち，法定代理人には，**代理権**が認められている。もう一つは，

未成年者本人が法定代理人の同意を得て行為をするという方法である（5条1項本文）。ここで法定代理人が行使するのは**同意権**である。同意を得ないで未成年者のした行為は，未成年者または法定代理人が取り消すことができる（5条2項）。未成年者が取消しをするのに法定代理人の同意は要らない。

　ただし，未成年者が法定代理人の同意を得ないで単独で行為をすることができる例外的な場合が三つある。第一は，法定代理人が，営業をすることを未成年者に許した場合に，営業の範囲内の行為は，単独でできる（6条1項。なお同条2項）。第二に，もっぱら権利を取得するだけか，あるいは，もっぱら義務を免れるだけの行為は単独でできる（5条1項ただし書）。第三に，法定代理人が処分を許した財産（たとえば"おこづかい"）は，未成年者が自身の判断で使ってよい（5条3項）。少女が少年にチョコレートをあげたとき，あげる行為が通常は取り消されないのは5条3項が，もらう行為が取り消されないのは5条1項ただし書が根拠である。

<hr>
**後見——審判により
開始する後見**

　行為能力の制限の第二の類型は，家庭裁判所の**審判により開始される後見**である。この後見が開始される可能性がある人としては，たとえば重い精神障害に陥っている人を考えればよい。しかし，そのような人すべてが，ただちに行為能力の制限を受けるのではない。二つの要件が必要である（7条）。第一は，「精神上の障害により事理を弁識する能力を欠く常況にある」ことという実質要件であり，第二は，家庭裁判所により後見開始の審判を受けているという手続的要件である。後見開始の審判を受けた者は，**成年被後見人**とよばれる。成年被後見人には，家庭裁判所が**成年後見人**を附ける（8

条・843条）。成年後見人は，成年被後見人に代わって，その財産を処分することができる代理権を有する（859条）。ただし，代理権の行使にあたっては，成年被後見人の意思を尊重し，かつ，その心身の状態や生活状況に配慮しなければならないし（858条），とくに，成年被後見人の居住用不動産を処分するについては，家庭裁判所の許可を得なければならない（859条の3）。半面，未成年者の場合とは異なり，成年被後見人が後見人の同意を得て行為をすることは認められない。成年被後見人は，日用品の購入など日常生活に関する行為は，単独ですることができ，また，それ以外の行為で成年被後見人が単独でした行為はすべて，本人または後見人が取り消すことができる（未成年者に関する5条2項が「前項の規定に反する法律行為」という限定を附しているのに対し，9条は，そのような文言になっていないことに注意しよう）。したがってまた，成年後見人については同意権の有無は問題にならない（同意権がないのではなく，その有無が問題とならないのである。**表1-3**で×ではなく−となっているのは，そのような意味である）。事理弁識能力を欠く状態にあるのが普通である成年被後見人を，後見人が同意権の行使によりコントロールすることは，むずかしいからである。

保　佐

行為能力の制限の第三類型は，保佐である。家庭裁判所が保佐開始の審判をした者が被保佐人であり，これには，家庭裁判所が，保佐人を附する（12条）。被保佐人とされる可能性があるのは，「精神上の障害により事理を弁識する能力が著しく不十分」な者である（11条）。つまり，それは，成年被後見人のような知的判断能力の欠如はなく，したがって，それよりも軽い法律上の保護でたりる人である。保佐人には，原則

表1-3　行為能力制限の類型

	事理弁識能力	行為能力の制限の内容	保護機関の名称・人数・選任手続	保護機関の権限		
				代理権	同意権	取消権
未成年	年齢による画一処理に服し，事理弁識能力は，直接には問題とされない。	当然に一般的に制限される。例外は5条1項ただし書・同条3項・6条。	親権者・未成年後見人。後者は，遺言による指定または裁判所の選任で決まる。	○	○	○
審判により開始される後見	欠く常況	当然に一般的に制限される。例外は9条ただし書。	成年後見人。一人または複数を裁判所が選任する。	○＊	—	○
保佐	著しく不十分	当然に一定の範囲で制限される（13条1項）。裁判所による創設的制限も可能（同条2項）。	保佐人。一人または複数を裁判所が選任する。	△＊	○	○
補助	不十分	制限されないのが原則。裁判所の創設的・例外的制限が可能とされる。	補助人。一人または複数を裁判所が選任する。	△＊	△	○

　○印は，当然に権限が存するものとされることを示す（取消権の欄では，同意を要するとされる行為を本人が同意・許可なくしてした場合に取消権が認められることを示す）。△印は，家庭裁判所が審判で権限を与えることが可能であることを示す。＊印は，代理権の行使にあたり本人の意思を尊重すべき旨の定めがあることの表示である。

として代理権はない。保佐人の役割は，おもに，被保佐人がしようとする行為に同意を与えることである。しかも，保佐人の同意を要する事項は，重要なものに限られる。具体的に何が重要な行為であるかは，法律に標準的な範囲が定められている（13条1項）が，家庭裁判所は，事情に応じて，その範囲を拡げる権限を有する（同条2項）。これらにより同意を要するとされる事項について，同意を与

えるかどうかは，基本的には，保佐人の裁量によるけれども，被保佐人の利益を害するおそれがないのに保佐人が同意を与えない場合には，家庭裁判所が，同意に代わる許可を与えることがある（同条3項）。同意を要する事項について被保佐人が同意・許可を得ないでした行為は，本人または保佐人において，これを取り消すことができる（同条4項）。以上が保佐人の同意権をめぐるルールであるが，例外的には，家庭裁判所が特定の法律行為について保佐人に代理権を附与する途も，開かれている（876条の4）。ただし，この代理権附与にあたっては，本人の請求または同意がなければならない（同条2項）。

| 補　　助 |

行為能力の制限の第四の，そして最後の類型が，補助である。家庭裁判所が補助開始の審判をした者が被補助人であり，これには，家庭裁判所が，補助人を附する（16条）。被補助人とされる可能性があるのは，「精神上の障害により事理を弁識する能力が不十分」な者である（15条）。保佐を開始すべき人の場合は，事理弁識能力が“著しく”不十分な人であったのと異なることに，注意しよう。したがってまた，そのような被補助人の保護に携わる補助人の役割は，いままでに登場した親権者・後見人・保佐人のどれよりも，ひかえめである。すなわち，補助人には，同意権・代理権のいずれかが与えられる（15条3項）が，それは，特定の法律行為についてのものとされ，家庭裁判所が，具体的に法律行為の種類を指定して，同意権・代理権の双方または一方を補助人に附与する旨の審判をする（17条・876条の9。補助人の同意を要するとされる行為は，被補助人は，これを単独では行うことができないこととなり，これが，被補助人の能力に対する制限となる）。

なお，この審判をなすにあたっては，本人の請求または同意がなければならない（17条2項・876条の9第2項・876条の4第2項）。

■ 行為能力制度の今昔

「能力」は，法律学で独特のニュアンスをもって用いられる言葉です。「妻の無能力」とは何か，という試験問題に，料理が不得意な妻のこと，と答えた人がいますが，「能力」という言葉を日常語の感覚で受け止めてはいけません。むしろ"資格"とか"可能性"という意味で理解するとよいでしょう。行為能力は単独で確定的に有効な法律行為をなしうる資格であり，また，法人に犯罪能力があるかという問いは，法人の行為を犯罪として法人を罰することが可能か，という意味です。

　第二次世界大戦前は行為無能力者が四種あり，婚姻をした女の人，つまり妻は，現在の被保佐人に近い形の行為能力の制限を受けました。現在の憲法が施行されると，その24条に適合しないこととなるため，妻の無能力を定める14条から18条までを削除することにより，この制度は廃止されました。

　そして，14条から18条は，行為能力の制度を抜本改編する1999年の民法改正により，新しい制限類型を定めるために，蘇ったのです（なお，その際の14条は2004年改正の番号整理で15条となりました）。改正の最も大きな動因は，高齢者の財産管理の問題でした。新しい制度が内容上さまざまな工夫をしていることは，もちろんですが，言葉づかいの面でも，配慮がなされています。響きの悪い「禁治産者」などを止め，「成年被後見人」（＝後見開始の審判により後見人を附けてもらうこととなった人）などの言葉に替えられましたし，法文の全体が「無能力」という言葉を避ける方向を打ち出しています。本書では，こうした法文上の用語法の改訂を踏まえ，従来において"無能力""行為無能力"と言ってきたところを「行為能力の制限」と改めています。「意思無能力」のほうは用いることとしますが，意思能力を欠く状態を一語で表現しようとすること以上の意味はありません。また，法文は，こちらについても，「意思能力を有しな」い（3条の2・526条），「意思能力を喪失」す

る（97条3項）というふうに意思無能力という言葉それ自体は用いていません。このことにも注目しておきたいものです。

■　**成年後見制度のこれから** 〰〰〰〰〰〰〰〰〰〰〰〰〰〰〰〰〰〰〰〰〰

　　保佐や補助，さらに任意後見をも含む広い意味における成年後見制度の未来を考える際，この制度の適用を受ける本人と，本人をとりまく人々のそれぞれについて考えなければならない観点があります。本人については，本人の利益を保護するために成年後見制度が用意されます。言うまでもないことですが，本人に不利益を与えるための制度ではありません。たとえば，後見開始の審判を受けると公務員を失職する，というようなことになっては困ります（公務員といっても，さまざまな業務があります。令和元年法律第37号により，この点が改められました）。また，消費者である契約当事者に後見などが開始したからといって，それならば事業者が契約を解除することができる，という解決も正当ではありません（そのような契約解除権を定める契約条項は，消費者契約法8条の3により無効とされます）。

　　成年後見制度が良い仕組みとなることは，けっして本人の利益のためにのみ目指されることでもありません。成年後見人などに支払う報酬を適正なものにすることにより，本人をとりまく人たちにとっても，活用することに意義が感じられる制度として育っていくことが望ましいでしょう。この制度を使いやすいものとするための論議が，厚生労働省の成年後見制度利用促進専門家会議において進められており，同省のホームページで論議の内容を確認することができます。

📖　**読書案内**　小林昭彦 = 大門匡 = 岩井伸晃編著『新成年後見制度の解説』（改訂版，2017年，金融財政事情研究会），加藤永一『親子・里親・教育と法』（1993年，一粒社），鈴木ハツヨ『子供の保護と後見制度』（1982年，創文社）。成年後見制度研究会「成年後見制度の現状の分析と課題の検討／成年後見制度の更なる円滑な利

用に向けて」(2010年, 民事法務協会) において, 成年後見制度が施行から10年を経た段階における諸課題が整理されている。また, 上山泰『専門職後見人と身上監護』(第3版, 2015年, 民事法研究会)。外国の状況について, 菅富美枝『イギリス成年後見制度にみる自律支援の法理——ベスト・インタレストを追求する社会へ』(2010年, ミネルヴァ書房) など。民法が定めるのは制限行為能力者の「保護」の制度であるが, 「保護」の発想自体は, 市民社会に特有のものではなく, 権威的な政治体制とも容易に結びつく。民法の制限行為能力者保護制度を「個人として尊重される」人という理念 (憲法13条) に整合させるためには, 保護によって引き出そうとするものが何か, という視点が大切である。障害者だから税を免ずるのではなく, 障害者が納税できる社会を築こうとする運動 (朝日新聞2003年8月3日付) が「挑戦者精神」を標語に掲げることは, 行為能力制度を考えるうえでもヒントになる。

第2章

第二のキーワード
——所有権

所有権は，物を自由に使用・収益・処分することのできる権利である。したがって所有権は，人と物を結びつける最も強力な法律上のツールとなる。強力とは，どういうことか。所有権の効力内容を明らかにし，そのうえで，所有権の行使が妨げられた場合に，所有者がどのような権利行使をなしうるか，を本章で学ぶ。もっとも，強力な権利は，ときに不便でもある。所有権の効力内容の一部を切り離して独立の権利とすることも，そこで必要になる。それが制限物権であり，本章では，その一類型である用益物権も扱う。

1 所有権の概念

1 所有権とは何か

所有権の素朴な
イメージ

日常生活のなかで私たちは，たとえば「このドレスは私の物である」と言ったり，あるいは「ぼくは自動車をもっている」と言ったりする。これらは，いったい，どのようなことを意味するのであろうか。これらのことが**所有権**という法律上の概念と何らかの関わりをもつということは想像ができるが，それが具体的に，どうい

う意味においてであるかは，日頃は，あまり意識しない。たとえば自室の壁に掛けた絵を眺めながら，自分は今，この絵に対する所有権に基づいて絵を鑑賞しているのだと思ったりはしない。所有権ということを強く意識するのは，日常的ではない，何かアブノーマルな事態が起きたときである。たとえば絵が盗まれたというとき，所有者は，盗んだ人に対し（もちろん犯人がわかったとしての話であるが）絵を返せと言う。そのように相手に要求できる根拠が，ほかならぬ所有権である。

契約に基づく権利
との比較

だれか他人に対し絵を渡せ，と請求できる権利は，いつも所有権に基づいて生ずるとは限らない。画廊で絵を買った客は，画商に対して絵を自分に渡せ，と求めることができる。このように，契約に基づいても物の引渡しを請求する権利が認められる。では，どろぼうに対し所有権に基づいて物の引渡しを求めることのできる権利と，契約に基づいて買主が売主に対し物の引渡しを求めることのできる権利とは，どこにちがいがあるか。ちがいは，引渡しを請求できる権利をもつ側と，引渡しに応じなければならない義務を負う者の側の両方についてみられる。まず，あとのほうの義務を負う者からみてみると，所有権に基づく引渡しは，世の中のみんなが義務者となる可能性がある。他人の物を手元に置いている人は，そのことだけで所有者からの引渡請求を受けることがある。所有権が，このように，すべての人に対し主張できる権利である性質のことを**絶対性**という。これに対し，契約に基づく買主の引渡請求は，売主という契約のパートナーに対してしかすることができない。つぎに，引渡しを求めることのできる権利者については，所有権のほうは，

この世の中に一人しか権利者がいない。ある絵の所有者が，この世の中に二人いる，ということはありえない。このように同一物上に内容を同じくする権利が並立することがありえないという所有権の性質を**排他性**という。これに対し，契約に基づく権利は，内容を同じくする（したがって互いに矛盾する）権利が並立することが可能である。

> 　Ａの営む画廊を訪れたＢは，ある絵が気に入ったので，その絵を買うことにして，代金の一部を支払い，現物は翌日に引き取ることにして，昼前に画廊を去った。その同じ日の夕方に画廊を訪れたＣが，やはり同じ絵を気に入って，これを買うことにした。

　ＡとＢとのあいだには売買の契約が成立しているし，また，ＡとＣとのあいだにも売買契約が成立している。したがって，ＢとＣの両方がＡに対し引渡しを求める権利をもつ。つまり，この二つの権利は，内容が同じであるから，両方が同時に実現されることはありえないが，法律上は両立し，したがって契約に基づく権利は排他性を有しない。これに対し，ＢとＣとの二人が同時に所有者であることはありえず，かりに夕方にＣが絵を持ち帰った場合には，Ｂに所有権があってＢからＣに対し引渡しを求めることができるというのと，所有権はＣにありＢからの引渡請求には応じなくてよいというのと，どちらか一方の解決のみが認められる。どちらになるかを決めるルールが178条であるが，これについては第3章*3*2で学ぶ。

所有権は，それに基づいて，目的物につい
てどのようなことでもできる権利である。
このことを所有権の**全面性**という。どのよ
うなことでもよいということの具体的ななかみとして，206 条は，
使用・収益・処分という三つを例示する。絵を飾って鑑賞するのは
「使用」であり，他人に貸して対価を得ることは「収益」であり，
絵を破って棄てるのは「処分」である（読書案内）。これらのことをす
るもしないも所有者の自由である。ただし，例外として，「法令の
制限内において」（206 条）という制約がある。たとえば重要文化財
に指定されている絵の所有者は，その管理の方法について文化庁長
官の指示に従わなければならず（文化財保護法 30 条・31 条），破り棄
てたりすることができない。

| 所有権の具体的な
なかみ |

ここまでにみてきたことを踏まえながら，
所有権とは何か，という問いに対する答え
をまとめるならば，それは，物に対する全面的な排他的支配を内容
とする絶対性のある権利である，ということになる。

| 所有権を定義すると |

② 所有権のさまざまなすがた

所有権は，「物」を目的物として成立する
権利であり，ここに「物」とは有体物のこ
とをいう（85 条）。そして，「物」は，さらに，不動産と動産に分か
れる。**不動産**とは土地と，土地の定着物のことをいい（86 条 1 項），
不動産でない物（＝不動産以外のすべての有体物）は**動産**である（同条
2 項）。たとえば，土地に生立している樹木（**立木**（りゅうぼく））は，土地の定着
物であるから不動産であるのに対し，伐採されて土地から切り離さ

| 所有権の目的物 |

れた樹木（伐木）は動産である。

不動産をさらに分類すると	

土地と，土地の定着物が不動産であるが，土地の定着物のほうは，さらに三つに分かれる。第一は，土地とは別個独立の不動産であるとされる土地の定着物であり，**建物**がこれに当たる。そして，土地と建物をめぐる権利関係は，それぞれ土地登記簿と建物登記簿に記録されることにより，外部から認識ができるようになっている（不動産登記法2条1号・5号参照）。このように，所有者が誰であるかなど物をめぐる権利関係を外部から認識できるようにしておく手段のことを公示方法という。土地の定着物の第二の種類は，常に土地と一体となって法律上の処分の対象となる物であり，土地を構成している砂粒の一つ一つや，土地に埋め込まれている石垣などが，これに当たる。第三は，いままでに挙げた二つのグループの中間にあるものであり，原則として，土地と一体をなすものとして扱われるが，特別の公示方法を具えた場合には独立に処分の対象とされる物である。土地から分離されていない天然果実（未分離果実）*と立木がこれに当たり，独立の処分の対象とするための公示方法としては，未分離果実については，**明認方法**とよばれる慣習上認められた方法があり，立木については立木の登記（立木ニ関スル法律1条）または明認方法が公示方法である（明認方法については第3章3④で学ぶ）。

＊日常の言葉でいう果実はりんごやみかんであるが，民法でいう**果実**は意味が異なる。民法では，物から生ずる収益をいう。これには，物を用いることにより実際に得られるもの（**天然果実**，88条1項。たとえば立毛，すなわち田畑で生育中の農作物〔大辞林〕は，田畑である土地の果実である）と，物を貸すなどすることにより対価として得られるもの（**法定果実**，同条2項。たとえば建物を貸すことで得られる家賃）がある。

54　第2章　第二のキーワード——所有権

　所有権の目的となる物には，このように，さまざまな種類のものがあるが，実際上，重要であるのは，土地・建物・動産の三つである。これらのそれぞれの上に成立する所有権のすがたを具体的に見ておこう。まず，土地を目的とする所有権を有する者は，法令の制限内において，土地を自由に使うことができる。都市計画上の制限の範囲内であれば，その土地を農地にしてもよいし，山林にしてもよいし，宅地にしてもよい。また，宅地にする場合に，土地の上に築く建物は，建築基準法などの制限の範囲内であれば，どのような建物でもよい。なお，私的な所有権の目的となるのは，原則として陸地であり，ここに陸地とは，春分の日の満潮時に海水に覆われていない土地のことをいう。

　土地については，それが財産として有する特質から，とくに隣り合った土地どうしにおいては，所有権の効力のさまざまな調整が行われる。209条から238条までの規定において定められている，そのような調整のためのルールは，**相隣関係の規定**とよばれる（→▇**建築基準法と相隣関係規定の関係**）。一つ例を挙げると，まわりをすっかり囲まれてしまっている土地（＝袋地）がある場合に，その所有者は，道に出るために，囲んでいる土地の所有者に対し，通行をさせるよう求めることができる（210条）（→◆**袋地所有者の通行権**）。ただし，袋地の所有者は，原則として，通行をする土地所有者に通行の対価を支払わなければならない（212条）。

　◆**袋地所有者の通行権**　土地が図のような位置関係になっており，甲土地はＡの，乙土地はＢの，丙土地はＣの所有に属するという場合に，Ａが通行できるのは乙土地と丙土地のいずれであるか。

図2−1

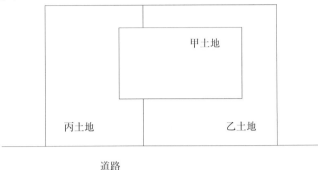

場合を分けて考えなければならない。

　(1)　標準的な場合　　一般には，A が通行できる場所と方法は 211 条 1 項の一般的基準により定まる。一般的基準を当てはめた結果，通行できるのが乙土地と丙土地のいずれであると結論づけられるかは，事例ごとの具体的事情により異なるから一概にはいえない。

　(2)　特別の場合　　もとは甲土地と乙土地のいずれもが B の所有に属しており，B が，甲土地部分を A に分割譲渡したという場合，A は，乙土地にのみ通行権を有する (213 条)。C の関知しない B の分割譲渡により丙土地に通行権の負担が生ずる結果は，不当である。この場合に A が B に支払う通行の対価は A・B 間の土地譲渡の契約で調整すればよいから，通行権それ自体は無償とされる (213 条 1 項後段)。なお，甲土地または乙土地につき特定承継が生じた場合，つまり，甲土地が A から M に譲渡された場合，または乙土地が B から N へ譲渡された場合にも，引き続いて 213 条の適用があるか，それとも，211 条と 212 条の原則に服することになるか，は考え方が分かれる。判例は，後者の場合について 213 条適用説をとる (最判平成 2 年 11 月 20 日民集 44 巻 8 号 1037 頁)。

建物の所有権

建物の所有権の形態は二つに分かれる。それは，住宅でいえば，戸建住宅と集合住宅（マンション）の区別に対応する。戸建住宅では，物理的に見て一個の建物が法律的にも一個の建物として捉えられるのに対し，マンションなどの場合には，物理的に見て一個の建物（これを法律は「一棟の建物」とよぶ）のなかに，「構造上区分された数個の部分で独立して……建物としての用途に供する」ことのできる部分があるときに，その部分の一つ一つを法律的には各一個の建物と考えて，それぞれ所有権の目的とすることが認められる（建物の区分所有等に関する法律1条）。たとえば，レジデンス・アルマというマンションの501号室を買った人は，501号室の部分（**専有部分**）の所有者（**区分所有者**）となる（同法2条参照）。なお，そのマンションのエレベーターや階段の部分（**共用部分**）は，区分所有者らの共有に属し（同法11条），区分所有者は，原則として専有部分に対する権利（**区分所有権**）と共用部分の共有持分とを分離して処分することはできないものとされる（同法15条）。

動産の所有権

動産は，種々雑多なものがある。私たちが日常使っている文房具は動産であるし，宝石も絵画も動産である。また，動物も動産である。これらの多種の動産のなかで特殊な扱いを受けるものが金銭であり，これについては占有者（実際に持っている人）が常に所有者であるという特性がある。ふつうの動産については占有者が所有者であるとは限らず，ある絵画を占有している人は，それを盗んできた人であるかもしれない（盗んだ人に所有権が移るわけではない）。これに対しAからBが盗んだ一万円札はBの物になり，そのかわりにAはBに対し金額1

万円の支払を求めることのできる債権（704条）を取得する（この債権を弁済するのにBは，盗んだ一万円札でする必要はなく，千円札10枚で支払うなど通貨の選択が許される）。

③ 所有権取得のさまざまな方法

承継取得と原始取得

ある人が既に所有権をもっていて，その所有権を，そのまま受け継ぐのが所有権の**承継取得**であり，たとえば，物の売買によって起こる。Aの所有する建物をBが買った場合において，AがXに建物を賃貸しており，Xが入居していたというときには，Bは，そこにXが引き続いて住むことを認めなければならない（借地借家法31条）。承継取得では，賃借権などの負担の附いたままで所有権の変動が生ずる。これに対し，従前の所有権とは無関係に，負担のない所有権を取得するのが，所有権の**原始取得**である。原始取得のうち，まず，従前に所有権を有している者がいるのに，その者の所有権とは無関係に，別の者に所有権を取得させる（その反射的な効果として，いままで所有権を有していた者は，所有権を失う）制度としては，即時取得（192条）や時効取得（162条）があるが，これらについては本書のもうすこし後のほうで学ぶ（第3章 **3** ③，第7章 **2**）。

原始取得の典型場面

従前の所有者というものがいない（あるいは，わからない）という場合，その物について，ある人のために生ずる所有権の取得は，常に原始取得である。ここでは，こちらの形態の原始取得を取り上げよう。物ができたときの最初の所有者は誰か，持ち主のいない（あるいは，わからない）物の所有権取得はどのようにして行われるか，複数の物がくっつい

たり混じりあったりしたときの新しい物の所有者の決定に関するルールはどのようなものか，などが問題となる。

動産の原始取得　　自分の材料を用いて作った物の所有権は，それを作った人に帰属する。パン屋さんが焼いて作ったパンは，そのパン屋さんに帰属する。同じように，種子を蒔いて植物を成育させた者は，その植物の所有権を取得する。土地を賃借して野菜を栽培した者は，収穫して動産になった後のみならず，土地にくっついているあいだにあっても，その野菜の所有者である（242 条ただし書，最判昭和 31 年 6 月 19 日民集 10 巻 6 号 678 頁参照）。だれの所有物でもない物は，その自主占有を始めた者が所有権を取得する（**無主物先占**）。「所有者のない動産」（239 条 1 項）であるかどうかは，しばしば微妙であるが，たとえばゴルフ場内の池に落ちたボールはゴルフ場の物であり，無主物ではない（最決昭和 62 年 4 月 10 日最高裁判所刑事判例集 41 巻 3 号 221 頁）。また，だれが所有者であるかがわからない物を拾った者から提出を受けた警察署長は，まず，所有者を探すために公告をする（遺失物法 7 条）。3 か月以内に所有者が現れれば，その物が所有者に返され，ただし，拾得者に報労金が支払われる（同法 28 条）。所有者が現れない場合は拾得者が所有権を取得する（240 条）。ただし，拾得者が 2 か月以内に引取をしないと**遺失物拾得**は効力を失い，都道府県等に物が帰属する（遺失物法 36 条・37 条）。犬や九官鳥など家畜である動物が逃げた場合も，これと同じに扱われる（同法 2 条 1 項括弧書。家畜でない他人の動物を無主の物と信じて占有を始めた者については 195 条参照）。地中に埋まっていた物については，発見者が遺失物拾得と同様の手続で所有権を取得する可能性がある（遺失物法 2 条 1 項，241 条本文。**埋蔵**

物発見，240条の3か月が241条では6か月になっている相異に注意）。ただし，埋まっていた土地の所有者と発見者が異なる場合は，両者の共有となる（241条ただし書）。

―――――――――――
　土地の原始取得　　明治期に近代的土地所有権の制度が発足した時の最初の所有者は誰であるか，については，当時において土地を実質的に支配（「土地所持」(読書案内)）していた者が所有者であり，地券の交付などは所有権の証明を容易にする資料を与えるものにすぎない，とみる考え方と，地券の交付により，いわば創設的に所有者が定まるとする考え方があるが，判例は，前者に立つ（最判昭和44年12月18日訟務月報15巻12号1401頁）。また，土地は新しく生ずることもないではないが，そのうち，埋立ての場合には，まず，海や湖を埋め立てようとする者は，都道府県知事の免許を受けることにより埋立ての工事をすることができ（公有水面埋立法2条・13条），埋立ての工事が完成して知事が竣功を認可したときには，認可が告示された日に「埋立地ノ所有権ヲ取得ス」る（同法24条1項）。これに対し海底の隆起などの自然現象により新しい陸地ができた場合は，その土地は「所有者のない不動産」であり，国の所有物となる（239条2項）。なお，海面ないしその下の土地は原則として国の物である（自然公物）が，人の支配が可能な一定範囲の区画で「過去において，国が……私人の所有に帰属させた」という事実があるときには，海面下の土地も私所有権の目的になる，とするのが判例である（最判昭和61年12月16日民集40巻7号1236頁）。

| 添　附 | 所有者を異にする二つの動産がくっついて一つの物となった場合は，特別の事情がない限り，原状復旧の請求を認めるべきではない。そもそも原状復旧

が不可能であることがあるであろうし，また，可能であるにしても過分な費用を要する原状復旧を強制することは，相当でないからである。そこで，そのような場合には，**付合**により一つの物が生じたものとし，新しい物の所有者が誰であるかは，当事者間に合意が成立すればそれに従い，成立しなければ法律の用意する基準（243条・244条）により定める。二つの動産が混じりあって一つの物となった場合（**混和**）も同じである（245条）。不動産についても付合が考えられ，不動産に動産が付合した場合は，原則として不動産の所有者が全体の所有者となる（242条）。また，Aの所有する小麦粉を用いBがパンを作った場合，パンの所有者は，246条により定まる（**加工**）。判例は，動産に工作を加えて建物を作った場合にも同条を基準とする（最判昭和54年1月25日民集33巻1号26頁）。付合・混和・加工をまとめて**添附**という。添附により所有権を失った者は，新所有者に償金を請求できる（248条）。また，添附により共有関係が生ずる場合（244条など）は，従前に存していた制限物権（たとえば第5章**4**で学ぶ質権）は共有持分上に存続する（247条2項）。

④　共 同 所 有

| 共同所有とは | 一つの土地があるとしよう。ふつうは一人の人が，これを所有する。しかし例外的に

は，数人で所有するということもある。それが共同所有である。共同所有の典型的な形態として民法は，249条以下に「共有」の観念を用意している。

| 持　分 | 共有の観念を理解するうえで重要な意味を |

共有の観念を理解するうえで重要な意味をもつのが**持分**である。持分とは，共有の目的物について各共有者が有する観念的な価値的割合であり，持分に対する各共有者の権利を**持分権**とよぶ。持分は，ふつう分数で示される。A・B・Cの3人が等しい持分で土地を共有する場合の各人の持分は，3分の1である。持分権は，自由に処分することができ，相続の対象となり，また自由に放棄することができる。たとえばAがDに持分権を譲渡するならば，土地はD・B・Cの3人の共有物となる。また，Aが持分権を放棄したときの扱いについては，255条に特別の規定があり，同条によりBとCが等しい持分で土地を共有することとなる。

◆**共有者の相続人不存在**　Aが死亡した場合に，相続人はいないものの，Aの療養看護に努めてきたXがいるときに，Aの持分は誰に帰属するか。まず958条の3を適用し，家庭裁判所が持分のXへの分与を相当とするときはXが持分を取得し，反対に相当と判断しないときに初めて255条によりBとCが持分を取得するという考え方（958条の3適用優先説）と，そのような家庭裁判所による考量の介在する余地を否定し，当然に255条に基づきAの共有持分はBとCに帰属するという考え方（958条の3適用否定説）とが対立している。事例ごとに妥当な解決を導きうる柔軟さがあるのは前者のほうである。判例も，そのような立場をとる（最判平成元年11月24日民集43巻10号1220頁）。

| 共有物の変更・管理・保存 | 土地の所有者が一人であるならば，土地を |

土地の所有者が一人であるならば，土地をどうするかは，その一人の所有者が自由に決めることができる。共有の場合は，そう

はいかない。そこで民法は，共有者の一人で決めることができる事項，共有者の全員一致を要する事項，その中間で多数決によるべき事項を区別する。

（1）　共有物の変更　　たとえば，いままで宅地であった土地を田畑とするのには共有者の全員一致を要する（251条）。

（2）　共有物の管理　　共有物の改良・利用は，「各共有者の持分の価格に従い……過半数で決する」（252条本文）。共有物を貸していたのを止めることとすることは，管理である。

（3）　共有物の保存　　共有物の現状を維持することが，保存である。共有物を第三者が占有している場合における引渡請求は単独でなしうると解されている。それは，252条ただし書にいう保存行為に当たるとする考え方に基づく。

（4）　AがB・Cとの協議を経ないで共有物を単独で占有している場合に，B・Cは，249条に基づいて認められる使用の権利を侵されているから，Aに対し損害の賠償を請求することができる。しかし，Aもまた同条に基づく使用の権利を有するから，B・CはAに対し引渡しを請求することはできない（最判昭和41年5月19日民集20巻5号947頁）。Aから借りて物を使用しているEに対しても同様である（最判昭和63年5月20日家庭裁判月報40巻9号57頁）。Eの使用は，Aの使用権原に依拠するものであるからである。

| 共有物の分割 |

共有の関係を終了させることが**共有物分割**である。共有者は，「いつでも共有物の分割を請求することができる」（256条1項本文。ただし，同項ただし書と同条2項）。共有物が時価600万円の土地である場合を例とするならば，分割実行の標準的な方法に次の三つがある。第一の**現物分割**

は，土地それ自体を等しい価格の三つの部分に分け，一つずつを
A・B・C に取得させる方法であり，第二の換価による分割は，土
地を X に売却し，得られた代金の 600 万円を A・B・C が 200 万円
ずつ取得する方法であり，また第三の代価支払による分割は，土地
をたとえば A の単独所有とし，そのかわりに A が B と C にそれぞ
れ 200 万円ずつを支払う方法である。分割に関する当事者の協議が
調う場合は，当事者は，これらの方法を随意に選び，また，組み合
わせて共有物分割の方法を決定することができる。協議が成立しな
い場合は，当事者が提起した**共有物分割の訴え**（258 条 1 項）を受理
した地方裁判所は，現物分割を命ずるのが原則であり（→■**羊羹の
栗が食べたーい**），現物分割が不可能または著しく困難である場合に
限り，共有物を競売して，その代価を分配する方法が許される（同
条 2 項。競売は民事執行法 195 条により行われる）。

| 組合財産の共有 |

いままでに見てきた共有の法律関係は，二
つの点において，きわめて個人主義的色彩
の強いものである。一つは，各共有者が他の共有者の意思とは無関
係に自由に持分権を譲渡することにより共有関係を離脱できる点で
あり（持分権譲渡自由の原則），もう一つは，各共有者が随時に共有
関係を終了させうることである（共有物分割請求権）。ところが民法
のなかには，ひとしく共有の語が用いられていても，これらの二点
が認められない形態のものがある。667 条が定める組合契約に基づ
いて共同の事業を営む場合において「組合財産は，総組合員の共有
に属する」（668 条）けれども，組合員による持分権の譲渡は組合に
対し対抗することができず（676 条 1 項），また，清算前には分割請
求をなしえない（同 3 項）。学説のなかには，このような制約を伴う

共同所有を**合有**とよぶものもある。合有は要するに，持分権を観念することはできるが，その行使に制約のある共同所有である。

◆**持分権を観念することができない共同所有**　入会団体の構成員が共同で入会地を所有する形態の入会権を民法は「共有の性質を有する入会権」とよぶ（263条）が，しかし，ここでは，各入会構成員の持分なるものは，考えることができないとされる。このような共同所有を通常の共有と区別するため，「総有」という概念を用いる学者もいる。持分が考えられないのであるから，持分の観念を前提とする持分権の譲渡可能性は，それを論ずる前提に欠ける。また，共有物分割請求権も考えることができず，どのような要件の下で入会団体構成員が入会利用関係の廃止を求めうるかは，当該入会権の存する「各地方の慣習に従う」（同条。なお入会林野等に係る権利関係の近代化の助長に関する法律2条2項・3条・4条）。なお，具体的な入会利用の方法も慣習に従って決まり，必ずしも入会団体の主導による集団的利用に限られない。慣習が許容するのであるならば，「分け地」とよばれる構成員の個別利用もありうる（最判昭和40年5月20日民集19巻4号822頁）。

> **遺 産 共 有**

相続財産は共同相続人の「共有に属する」（898条）とされるが，その分割は906条以下の特別の手続によってのみなしうる。分割の具体的方法の選択・決定を，まず当事者の協議に期待し，協議の不調・不能の場合に裁判所が行うところは通常の共有と同じである（907条）が，裁判所による分割方法の選択・決定は家庭裁判所の管轄に属し，地方裁判所に比べて柔軟な手続がとられる。

■ 建築基準法と相隣関係規定の関係 ～～～～～～～～～～～～～～～

　ある事項に関係する法律が複数あって，しかも，それらの定めるところが，少なくとも一見するところは，矛盾ないし不整合を感じさせるような場面があります。建築基準法 65 条は防火地域または準防火地域内の耐火構造建物は隣地境界線に接して築くことができるとしますが，民法 234 条によれば，境界から離さなければなりません。建築基準法 43 条は建物敷地が一定の長さで道路に接しなければならないとします（いわゆる接道要件）が，民法 211 条 1 項は，同条 2 項に基づいて開設される通路の幅員について一般的基準を提示するにとどまります。こういう場合の法律解釈のありかたは，一概に論ずることは，できません。判例上，建築基準法 65 条と民法 234 条との関係については，前者を後者の特則とみて，前者の要件を充たす建物については後者の適用が排除されるとされます（最判平成元年 9 月 19 日民集 43 巻 8 号 955 頁）。これに対し，211 条 2 項に基づいて開設される通路について認められるべき幅員は，当然に建築基準法 43 条より定まる長さと一致すべきであるということにはなりません（最判昭和 37 年 3 月 15 日民集 16 巻 3 号 556 頁参照）。

■ 羊羹の栗が食べたーい ～～～～～～～～～～～～～～～～～～～～～

　いま一本の栗羊羹があるのを思い浮かべてみましょう。甘いものが大好きという読者もいるのではないでしょうか。この栗羊羹の価格は 900 円で，これを A・B・C の 3 人が等しい持分で共有しているとしましょう。共有物分割をするとしたら，どのような方法が考えられるでしょうか。3 人が協議で分割をする場合に自由に方法を決定できることは，まちがいありません。問題は，協議がまとまらず裁判所に分割方法の決定を委ねなければならない場合に，258 条 1 項にいう現物分割として，どのような方法までが許されるか，です。もちろん，すぐに思いつく典型的な方法は，羊羹を 3 分の 1 ずつに切り分けることでしょう。しかし現実は，そんなに単純ではないことがあります。ちょうど 3 分の 1 のところにナイフを入れようとすると，そこにはおいしそうな栗が埋まっていて，切り分けてしまうのは惜しい（①），あるいは，A と B は仲が良い

のだから無理に共有関係を終了させる必要はなく，したがって3分の2をA・Bの共有とし，残りをCの単独所有とすること（②）がふさわしい……といったことが，あるでしょう。

　最高裁判所は，昭和62年4月22日の判決（民集41巻3号408頁）で，まず，「持分の価格以上の現物を取得する共有者に当該超過分の対価を支払わせ」る方法を裁判所が命ずることが許されるとし（①の栗は丸いままで切らずにすみます），また，Cから②の方法による分割を裁判所に請求できるとしました。最判平成4年1月24日判例時報1424号54頁は，これを一歩すすめ，AとBの側からも②の方法による分割を裁判所に請求できるとしています。また，最判平成8年10月31日民集50巻9号2563頁は，「共有物を共有者のうちの特定の者に取得させるのが相当であると認められ，かつ，その価格が適正に評価され，当該共有物を取得する者に支払能力があって，他の共有者にはその持分の価格を取得させることとしても共有者間の実質的公平を害しないと認められる特段の事情が存するときは，共有物を共有者のうちの一人の単独所有又は数人の共有とし，これらの者から他の共有者に対して持分の価格を賠償させる方法」（羊羹をAの単独所有とし，BとCにそれぞれ300円を払う）も許されるとしました。

📖 **読書案内**　甲斐道太郎＝稲本洋之助＝戒能通厚＝田山輝明『所有権思想の歴史』（1979年，有斐閣選書）。民法の起草者の一人である梅謙次郎の著した体系的な註釈書である『民法要義』は，今日でも参照に価する書物である。たとえば206条にいう「処分」の意味について同書は，「物ヲ意ノ如ク処置スル」ことを指すものであって，「権利ヲ譲渡シ若シクハ……放棄スルノ意味」に受け取るのは，誤解であると言う。たしかに地上権者が地上権（2**1**参照）を譲渡できるのは当然であり，ことさら地上権者が処分の権利をもつと言う必要はない。地上権者は，宅地を田畑に変えてしまうことはできないから，ここにいう処分の権利を有しないとされる。土地総合研究所『日本の土地』（1996年，ぎょうせい）には，土地所持の

観念や地租改正の経過の平明な解説がある。また，土地の原始取得に関して本文に引用した最判昭和44年12月8日に関連して，橋本誠一「地租改正と土地所有権」牛尾洋也ほか編『近代日本における社会変動と法』（2006年，晃洋書房）が読みごたえがある。

2 所有権の効力

1 所有権の時間的・空間的変容

所有権の縮小という
アイデア

物に対する全面的な支配の権能である所有権は，そのような意味において，民法に登場してくるさまざまな権利のなかでも，最も強力な権利である。したがってまた，ある物を利用するにあたり，それについて何か権利を取得したい人は，できれば所有権を取得したいと考えるであろう。それが，ふつうであることは，まちがいがない。しかし，いつも，そうであるとは限らないであろう。サイズの大きすぎる服を着た人が動きにくいのと同じように，物の用途目的にとって過分である所有権を取得するために高いお金を払うことは，合理性に欠ける。そこで，一方では強力な権利である所有権があってよいことはもちろんであるにしても，他方には，それよりも効力の内容の点で縮小された権利の形態をいくつか用意しておくことが適当である。

所有権の時間的な縮小

所有権を縮小するという際の，縮小ということの意味としては，まず，時間的な縮小

表2-2 用益物権の一覧

	権利の内容	対抗要件	目的物を占有することのできる効力
地上権	工作物・竹木を所有するための土地の使用（265条）	登記（177条）および特別法上の対抗要件（借地借家法10条）	ある
永小作権	耕作・牧畜（270条）	登記（177条）	ある
地役権	承役地を要役地の便益に供すること（通行・引水など。280条）	登記（177条）。ただし特殊な取扱を伴う（281条，不動産登記法80条2項）。	ない（本文**2**より**大きな概念で考える**の説明を合わせて読む）
共有の性質を有しない入会権	入会利用	登記能力がない（不動産登記法3条参照）。登記しなくても第三者に対抗することができる。	慣習による（294条）

ということが考えられる。所有権は永久に存続し，時効により消滅することもありえない意味で時間的に無制限な権利である。しかし，ある地域に20年間に限り出店し，そのあとは撤退するつもりでいる人にとっては，所有権を取得することは必要でない。そういう場合には，期間を限って「他人の土地において工作物又は竹木を所有するため……土地を使用する」権利があれば十分である（265条）。民法は，この権利を**地上権**と名づける（読書案内）。また，同じように，期間を限り「小作料を支払って他人の土地において耕作又は牧畜をする権利」を**永小作権**とよぶ（270条）。永小作権という名前はついているが，期間無限定の権利では，けっしてない（278条参照）。

所有権の空間的な縮小

こうした時間的な縮小と並んで，所有権の空間的な縮小ということも考えられる。い

図 2-3

道路		
甲土地		
乙土地		
国道		

ずれも問題となっているのは土地の所有権であり，そこでの課題は，空間的に無制限（→■上は天蓋まで下は地軸まで）のものとして構成される所有権の効力（207条）の実質的な縮小である。

（1）地役権　図 2-3 のような位置関係になっている甲・乙二つの土地があり，甲土地は A が，乙土地は B が所有しているとき，A は，国道への近道をするため，乙土地に通路を設けたい。このとき A は，乙土地を買う必要はない。B から，乙土地を通行する権利を与えてもらえばよい。このように「目的に従い，他人の土地を自己の土地の便益に供する権利」が**地役権**である（280条）。地役権の負担を受ける土地（例では乙土地）を**承役地**，地役権により利益を受ける土地（同じく甲土地）を**要役地**という。地役権の存在により，承役地である乙土地には，いわば A と B とが空間を共用し合う関係が成立する。

（2）共有の性質を有しない入会権　村落のなかにある山林に村人らが入って薪を拾ってくるなどの入会利用の慣習が古くから存在する場合に，そこには**入会権**がある。入会権のなかで，入会地を

村人らが共同で所有する形態は所有権そのもの（「共有の性質を有する入会権」）であり，本章 *1* 4 ◆持分権を観念することができない共同所有に登場した。そうではなく他人の土地を入会地とするとき（他人の土地は国有地であってもよい。最判昭和48年3月13日民集27巻2号271頁），その土地には，入会利用という限定された土地利用の権利が存在することになる。これが，「共有の性質を有しない入会権」である。この入会権は，慣習に依拠して成立し，その内容も「各地方の慣習に従う」（294条）。

　（3）　区分地上権　　たとえば地下鉄を作るときの用地買収では，土地の全部を買う（所有権を取得する）という必要はない。地下何メートル以下何メートル以上というふうに空間の範囲を限定して利用を可能とする権利を取得すれば十分である。そこで，このような場合には，「上下の範囲を定めて」地上権を設定することが行われる（269条の2）。これを**区分地上権**とよぶ。

所有権の弾力性　　Aが所有権を有している土地にBを権利者とする地上権を成立させようとするときには，ふつうは，AとBとのあいだで，その旨の契約をする。これを**地上権設定契約**（地上権設定行為）という。この契約を結ぶことにより，AがBのために地上権を設定したことになる。地上権の設定を受けたBがAに土地利用の対価（地代）を支払うかどうかも，地上権設定契約で定めるところによる。地代を払わなくてよい，という無償の地上権を設定することも可能である。このようにして設定された地上権が，やがて存続期間の満了などにより消滅すると，Aが地上権の負担のない完全な所有権を回復する。へこまされていたボールが再び膨らむような，この性質を**所有権の弾力性**という。

以上のことは，永小作権・地役権・入会権も同じである。ただし，これらの権利による土地の利用について所有者に対価を支払わなければならないかは，個々に異なる。永小作権では，必ず支払わなければならない（270条の「小作料を支払って」）。これに対し地役権では，対価の支払は不可欠の要素ではないし，入会権では慣習により定まる。

対抗力の保障

これらの権利の総称として**用益物権**という概念が用いられる。この用益物権には，**対抗力の保障**という仕方で所有権に対する独立性が認められる。対抗力の保障とは，つぎのようなことである。Ａの土地にＢのための地上権が設定されている場合において，ＡがＣに土地を譲渡したとしても，Ｂが対抗要件を具えているときには，Ｂは，新しい土地の所有者であるＣに対しても，地上権の取得を主張でき（対抗でき），引き続いて土地を利用することができる。対抗要件を具える典型的な方法は，地上権の登記をすることである（177条）。このようにして用益物権は，その権利内容である物の利用を，所有者を含む他人に対し排他的に主張することができる。以上のことから所有権と用益物権の比較検討をまとめると，まず，どちらにも排他性があることが共通点である。相違点は，所有権には全面性があるのに対し，所有権の効力内容を縮めたものである用益物権には，全面性がない。

② 所有権に基づく請求権

予備的な勉強
——占有の概念

所有権は，それに基づいて物を占有することが認められる権利である。「占有する」ということの意味は，180条で明らかにされる。同条によれば，**占有**は，二つの要素からなりたつ。

(1) 一つは，「物を所持する」という状況にあることである。いいかえると，物を自由に取り扱うことのできる事実上の状態にあることである。所持という字が用いられているが，必ずしも物を手に持っている必要はない。あなたの机の上にある時計は，あなたの手のなかにあるわけではないが，それを自由にできる状態にあるから，所持があるといえる。そのような意味において，所持の有無の判断は，多かれ少なかれ，観念性を伴う。事実としては山田一郎という人が，土地を管理している場合であっても，同氏が株式会社山田物産の代表者として土地の管理をしているというときは，占有は会社のほうにある（最判昭和 32 年 2 月 15 日民集 11 巻 2 号 270 頁）。

(2) 占有のもう一つの要素は，「自己のためにする意思をもって」所持することである。机の上に時計があるという状態が，所有者により望まれており，あるいは少なくとも，所有者の意思に基づいて受け容れられているということが必要とされる。

所有権に基づく請求権

所有者による所有権の行使を他人が妨げる場合，具体的には，所有者による物の占有を妨げる場合には，所有者は，そのような違法な行為を止めるように求めることができる。これを，**所有権に基づく請求権**という。これには，典型的な形態として三つのものがある。所有権に基づく**返**

還請求権，所有権に基づく**妨害排除請求権**，所有権に基づく**妨害予防請求権**である。

（1）所有権に基づく返還請求権　所有者ではない者が物を占有している場合に，占有者に対し所有者が物の返還を請求することができる権利である。時計を盗まれた場合に，時計の所有者は，時計を占有している者に対し，時計を返せ，といえる。土地を占拠して土地の上に建物を築いた者に対し，土地の所有者は，土地を返せといえるし，土地を返す前提として建物を取り壊せと，請求することができる。このような請求を建物収去土地明渡請求という。

（2）所有権に基づく妨害排除請求権　所有者ではない者が占有以外の方法で所有権の行使を妨害している場合には，妨害の停止または妨害の除去を請求することができる。土地にゴミを投げ入れるという妨害を例にして考えてみよう。加害者のほうは土地の占有をすっかり所有者の手元から奪い取ってしまっているのではない。占有を奪い取るというのとは異なる仕方で，しかし，まちがいなく所有者の占有は妨げられている。このような場合は，土地の所有者は，ゴミを投げ入れるな（妨害の停止）ということと，投げ入れたゴミを取り去れ（妨害の除去）ということを請求することができる。

（3）妨害予防請求権　所有権の行使に対する妨害が行われるおそれが大きい場合に，所有者が妨害予防のための適当な措置を請求することのできる権利である。まだ土地にゴミを投げ入れてはいないが，投げ入れる行為をするおそれのある場合に，所有者は，妨害予防のために必要なことを請求することができる。ゴミを投げ入れるな，という裁判所の命令で不安な場合には，もしゴミを投げ入れた場合に損害の賠償を請求する際の担保を予め出しておけ，という請求が可能である。

(4)　ふろく——回復忍容請求権　　所有権に基づく請求権の典型的な形態は，ここまでに挙げた三つであるが，これらは典型的な形態であるにとどまる。これら以外の請求権の形態もある。これから一例として示す**回復忍容請求権**は，(1)の返還請求権と似ているが，厳密には，これに含めることのできない形態の請求権である。ある動産を所有するAの手元から，その動産を奪ったBが，逃走中に，その動産をCの家の庭に投げ入れたとしよう。AはCに対し，どのような請求ができるか。この状況は，所有者のAが占有を失っている点では，(1)と共通する。しかし，(1)と異なる点もある。Aからの請求を受ける側，つまり被告となるCは占有を有していない。Cは，知らないうちに自宅の庭に動産を置かれたのであり，かつ，Cは，けっして，この状態を望んではいない。そうすると，Cは，「自己のためにする意思をもって物を所持する」(180条)とはいえないことになる。この場合に，Aは，Cに対し，返せ，というのではなく，取りに行きますから庭に立ち入らせてください，といえるにとどまる。忍容というのは，がまんして受け容れる，という意味である。Cの側は，受け容れる，という受け身の対応でよいのだから，物の捜索およびAの手元への搬送の費用は，Aが負担しなければならない。

> **より大きな概念で考える**

こうしたいろいろの請求権が認められるのは，所有権についてだけではない。地上権の設定を受けた者が，土地を占拠され，占有を妨害され，または妨害されそうになっている場合などに，地上権者は，それぞれ地上権に基づく返還請求権・妨害排除請求権・妨害予防請求権を行使することができる。永小作権についても同じで

ある。そこで，所有権に基づく請求権に加え，地上権に基づく請求権や永小作権に基づく請求権をも含め，およそ物権を根拠にして認められる諸種の請求権の総称として**物権的請求権**という概念が用いられる。もっとも，各種の物権に基づく請求権の内容は，各個別の物権の効力内容のちがいに応じ少しずつ異なる。地上権や永小作権に基づく請求権は所有権の場合と基本的に同じであるが，入会権に基づく請求権としてどのようなものが認められるかは，具体的には「各地方の慣習」（294条）により定まる。また，地役権については，返還請求権は認められない。地役権は，承役地の所有者から占有の移転を受けてそれを継続するということを可能とする権利ではないから，占有を取り戻す権利というものは考えられないのである。たとえば通行地役権の設定があった場合に，承役地上の通路を含む承役地を不法に占拠する者に対し返還請求ができるのは承役地の所有者であり，地役権に基づいては通行妨害の停止を請求することができるにすぎない。

③ 占 有 訴 権

占有訴権とは

あなたが教室で講義を聴いている場面を想像してみよう。あなたの机の上にある六法を誰かが奪い去ったときに，あなたは，その者に対し，六法を返せ，と言える。おそらく，あなたは六法の所有者であろうから，返せといえる根拠は，ふつうは所有権に基づく返還請求権であろう。しかし，六法が友人から借りたものであるときは，どうであろうか。所有権に基づく返還請求権は行使できないが，そうであるからといって，返せと言えないのは，おかしい。また，所有者である場合であっても，あなたに対しどろぼうが，"お返ししてもよいけれど，そ

のまえに，あなたが所有権をもっていることを証明して欲しい"と言ってきたら，あなたの側で一所懸命に証拠を調えなければならないのだろうか。それも，おかしいであろう。これらの場合には，所有権の有無にかかわらず，あなたが六法を平穏に占有している状態が侵されたことを理由に，返せと言うことができてよい。こうしたことを可能とするのが197条の「占有の訴え」であり，**占有訴権**と総称されている制度である。占有訴権は，厳密に考えたときに本当に存在理由があるか（→◆占有訴権制度の存在理由），また，侵されたのが正常でない占有であるときにも働くか（→◆交互侵奪）といった問題があるものの，占有という事実そのものを保護する制度として一定の役割を担っている。

◆**占有訴権制度の存在理由**　占有訴権の制度が必要である理由については，つぎの三つの説明があるが，それぞれについて批判の余地ないし限界があることに注意をしなければならない。(1)社会秩序維持説は，占有侵奪という仕方で社会の秩序が脅かされた場合に，それに対する修復の手段としての意義をもつとする。しかし，占有の訴えが（本権の訴えに比べ）簡易迅速に処理される手続上の保障がないからには，占有訴権制度の秩序維持機能は小さい。社会秩序の維持は，私法上の制度である占有訴訟ではなく，犯罪の予防・制止を定める警察官職務執行法5条などに期待すべきである。(2)債権的利用権者保護説は，たとえば使用借主（593条）の下から目的物が侵奪された場合に，同人が物の占有を回復するのに役立つと説明される。ただし，同様の状況に立たされる賃借人（601条）には，賃貸人の有する所有物返還請求権を代わって行使すること（423条参照）をも認める見解がある。また，対抗要件を具えた不動産賃借権には，それ自体に基づく妨害排除請求権も認められる（605条の4）。(3)本権推定説は，本権（占有を根拠づける権利）を有する者

が占有を侵奪された場合に提起する本権を根拠とする訴訟（「本権の訴え」）においては本権を証明しなければならないが，占有の訴えは，この証明の負担から原告を解き放つ効用をもつとする。これに対しては，ふつう原告は188条に基づく推定を援用して容易に証明をなしうるという考え方もありうるであろう。もっとも，不動産につき登記の推定力（最判昭和46年6月29日判例時報635号110頁参照）が占有の推定力に勝るときなどに占有の訴えが意義を有することは疑いがない。

◆**交互侵奪** Aが占有している物をBが奪ったのちに，この物をAが実力で奪回した場合に，Bは，Aに対し占有回収の訴えを提起できるか。Aの奪回が自力救済の要件を充足する場合はBの訴提起ができないと解されることに異論の余地がない。見解が分かれるのは，それ以外の場合である。201条3項所定の期間が経過するまでは占有秩序に対する攪乱状態が続いているという理解を前提にしつつ，Aが奪回したのがBによる侵奪ののち1年内であるときは，Aの奪回により占有秩序が平静に復したとみて，爾後の問題処理を本権秩序に委ねる（かりにBが本権を有する場合は，Bは，本権の訴えを提起すべきであり，占有の訴えは提起できない）とする解釈が説かれており，これを支持すべきであろう。このような見解に対しては，それでは結局，1年のあいだは自力救済を許したのと実質上同じ結果になるという批判があるが，訴訟を提起せず，実力による奪回を選んだAには，訴訟提起の途を選んだときに認められるはずの恩典（203条ただし書や189条2項）が与えられないという結果の差異がある。

占有訴権の諸類型 ｜ 占有訴権には，占有回収の訴え・占有保持の訴え・占有保全の訴えの三類型がある。

これらの効力内容は，それぞれ所有権に基づく返還請求権・妨害排除請求権・妨害予防請求権と類似する。(1)**占有回収の訴え**（200条）は，占有侵奪があったとき（＝「占有を奪われたとき」。騙し取られたときなどは，これに当たらない）に，その時から1年以内に（201条3項），「物の返還及び損害の賠償」を請求することができるものである。被告は，侵奪者であることが原則であり，侵奪者からさらに占有の移転を受けた者に対しては，その者が悪意である場合を除き，提起することができない（200条2項）。占有回収の訴えにより占有の回復が達せられた場合の特殊な効果として203条ただし書のものがあるが，この規定は，おもに時効取得との関係で意味をもつ（第7章②で学ぶ自然中断が阻まれる）。なお，占有侵奪を受けた者が，裁判に訴えず実力で物を奪還することは，許されないのが原則である。一般に，私法上の請求権を実現するために私力を用いることは禁じられ，このことを自力救済の禁止という。ただし，国家機関の助力を待っていたのでは請求権の実現が困難になる場合には例外として自力救済が許容される。また，占有者が占有を侵奪された場合に，これと近接した場所および時間の範囲内で，占有者が物を奪回することも許されると考えられている。(2)**占有保持の訴え**（198条）は，占有の妨害を受けたときに「妨害の停止及び損害の賠償」を請求することが，また，(3)**占有保全の訴え**（199条）は，占有妨害のおそれがあるときに「妨害の予防又は損害賠償の担保」を請求することができるが，いずれも出訴期間の制限がある（201条1項・2項）。

占有訴権と物権的請求権との関係

いままで別々に学んできた占有訴権と物権的請求権は，どのような関係に立つであろうか。これについては，場面を二つに分け

て考察することにしよう。(1) A の所有物を A の下から侵奪した B に対して A は，占有回収の訴えを提起できるが，他方で所有物返還請求の訴訟をも提起することができる。一方が他方に吸収されることはないことを示すのが 202 条 1 項である。(2) A の所有する建物を占有している B は，A から建物の占有侵奪を受けた場合に，占有回収の訴えを提起することができる。占有回収の訴えを受理した裁判所は，所有権が A にあること（「本権に関する理由」）を考慮してはならず（202 条 2 項），もっぱら占有侵奪の有無に着目して判決をしなければならない。ただし，A が反訴（同一訴訟手続内で被告が原告に対し提起する訴え，民事訴訟法 146 条）をもって所有物の返還を請求することは許される（最判昭和 40 年 3 月 4 日民集 19 巻 2 号 197 頁）。反訴の提起があった場合の判決は，「被告 A は別紙目録記載の建物を原告 B に引き渡せ。／反訴被告 B は，同建物の引渡しを受けたときは，同建物を反訴原告 A に引き渡せ。」となる。

■ **上は天蓋まで下は地軸まで** 〜〜〜〜〜〜〜〜〜〜〜〜〜

　207 条の「上下」に関し，民法典成立期の学説は，「極端ニ……言ヘハ土地トハ地下ハ地球ノ中心ニ及ヒ地上ハ天空ノ少クモ空気ノ存スル間際全部ニ及フモノト言フヘシ」と述べており（梅『民法要義』），ここでは，土地所有者でない者が土地の「上」または「下」の一部を利用する可能性・必要性は意識されていませんでした。この問題に関する法律理論の進展は，科学技術の発達とも微妙に関連し合っています。解釈・立法の流れを見てみますと，まず初めは，土地所有者からの物権的請求権の行使を抑えるための権利濫用法理の活用という消極的な課題処理が論議されました。積極的に上空または地下を利用する法律上の権能をどのように組織づけるか，という問題意識が現れるのは，そのあとです。後者の観点からの制度上の対処は，まず，所有者の承諾の下に所有権を制限するという穏健な方法で始まりました。法律行為により成立すること

を原則とする地上権の一種として1966年に創設された区分地上権（269条の2）においては，所有権の制限に対する補償の問題は，設定行為の当事者としての所有者の関与の問題に解消され，独立の問題としては問われません。補償の要否ということを独立の問題として問わなければならなくなったのは，所有者の意思を押しきってでも，土地所有権の空間的範囲を制限しようとする企図の下においてでした。具体的には，「大深度地下の適正かつ合理的な利用」（大深度地下の公共的使用に関する特別措置法1条）を考えるにあたり補償の問題が，実質的に重要な焦点となります。1998年には，原則として補償を不要とする考えを盛り込んだ大深度地下利用制度の創設を構想する政府の審議会の答申がなされ，さらに2000年には，大深度地下の公共的使用に関する特別措置法が制定されました。大深度地下とは，基本的に地表から下で40メートル以上の深さの部分をいい，中央新幹線（リニア新幹線）のような高速鉄道を走らせるためなどに利用されようとしています。

📖 **読書案内** 戒能通孝『小繋事件──三代にわたる入会権紛争』（1964年，岩波新書）。所有権の時間的な縮小の例に地上権を挙げることの前提としては，じつは，永久に存続しうべき地上権の設定を是認してよいか，という問題を論じておく必要がある。成田博「断章・民法学／九九九年の地上権（下）」法学セミナー536号（1999年）82頁以下が，この問題への道案内をする。山野目章夫『ストーリーに学ぶ所有者不明土地の論点』（2018年，商事法務）第23話には，区分地上権や大深度地下の利用権が登場する。

第3章

第三のキーワード——契約

契約は，申込みと承諾という二つの意思表示から成り立つ法
律行為である。この絵を売りたい（申込み）と言われた人が，
はい買いましょう（承諾）と言ったときに，契約は成立する。
もちろん，買主になろうとする人の側から申込みをするのでも
よい。契約をするかしないか，だれと契約するか，どのような
契約をするかは，ある条件を充たす限り，自由である。条件と
は，その契約が市民社会の秩序に照らし許容される限りにおい
て，ということにほかならない。契約自由の意義とその限界。
それを本章で学ぶ。

1 契約とその効力

① 契約の成立

私的自治の原則

　Ａという人が，一枚の絵を所有している
としよう。この絵の所有権がＡからＢと
いう人に移るのは，どのような場合であるか。言い換えると，絵の
所有権がＡからＢへ移転するのは，どのような原因によってであ
るか。この問いに対して近代社会の法が与える答えは，こうである。
ＡからＢへの所有権の移転は，原則としてＡとＢの意思に基づい

て生ずる。AとBとの意思に基づいて，ということは，絵の所有権を譲り渡そうとするAの意思と，それを譲り受けようとするBの意思とが合致したことに基づいて，という意味である。Aの留守中に来たBが，そっとお金を置いて絵を持ち去ったとしよう。Bのしたことは，どろぼうである。お金を置いていったのだからよいでしょう，ということにはならない。所有権を譲り渡すAの意思を欠くから，所有権の移転は否定される。また，Bの留守中にBの家を訪れたAが，「いつも御世話になっています」と書いたカードを添えて絵を置いていった，というときにも，それだけでは，AからBへの所有権の移転は生じない。絵を譲り受けようとするBの意思（549条の「受諾」）がないからである。このように，所有権の移転のような権利の変動は，当事者の意思に基づいて生ずることを原則的な形態とする。所有権の移転を含む法律関係が当事者の意思に基づいて形成されることを原則とする考え方は，**私的自治の原則**とよばれる。

契約の成立要件　契約が成立するためには，契約の当事者になろうとする者の一方が初めにする意思表示（申込み）と，申込みを受けた者がそれに対してする意思表示（承諾）が内容のうえで合致していなければならない（522条1項）。したがって契約は，すくなくとも二個の意思表示を構成要素とする法律行為である。Aを売主とし，Bを買主とする売買契約を例に考えてみよう。売買は，一方当事者が何らかの財産権を移転する義務を負い，他方当事者は，代金を支払う義務を負うことを内容とする契約である（555条）。財産権を移転する側の当事者を売主とよび，もう一方の当事者を買主とよぶ。絵の売買の場合には，売買により移

転される財産権は，絵の所有権である。売買契約が成立するために
も，申込みと承諾の合致がなければならない。Aが「この絵を10
万円で買わないか」とBに言い，Bが「いいでしょう」と言った
とき，Aの意思表示が申込みとなり，また，Bの意思表示が承諾と
なる。もちろん，この反対であってもよい。Bが「君の絵を10万
円で売って欲しい」とAに言うとき，Bの意思表示が申込みに当
たり，これを受け容れる旨のAの意思表示が承諾に当たる。いず
れの場合も，申込みと承諾の内容は一致していなければならない。
Aが「ここにあるセザンヌの絵を売ろう」とBに言い，Bが「そ
の隣にあるマチスの絵を買おう」と言ったときは，売買契約は不成
立となる。

| 契約の成立過程 |

契約の成立を時間の流れを追って観察する
際に，何よりも重要な位置を占めるのは，
Aが「売ろう」という意思を抱き，Bが「買おう」という意思を抱
くことである。このように契約当事者が自身の意識の中にもつとこ
ろの，契約の効果を欲する意思のことを**内心的効果意思**という。単
に意思とよぶこともある。

　時間的な順序としては，まず契約の一方当事者は，内心的効果意
思を形成する過程（たとえば「まとまった現金が欲しい。この絵を売れ
ばお金になる」と思うこと）を経て，内心的効果意思を確定させ（「こ
の絵を売ることにする」），そして，内心的効果意思の外部的表現（**表
示意思**と表示行為。「絵を買わないか」と言うことを決め，そして，実際に
そのように言うこと）をすることにより申込みの意思表示が成立する。
この際のAの意思の外部的表現は，つぎのようにして行われる。
すなわち，まず，AがBと会って意思表示をする場合（対話者に対

する意思表示）には，意思表示は，その場で効力を生ずる。そして，申込みを受けたBが，その場で承諾をすれば，この承諾の意思表示も，その時に成立するから，ここで申込みと承諾が合致し，契約が成立する。

AとBは，その対話の時に権利能力・行為能力・意思能力を有していなければならない。これに対し，Aが離れた場所にいるBに向けて，手紙などで意思表示をする場合（隔地者に対する意思表示）には，意思表示は，到達しなければ効力を生ぜず，到達をした場合には，到達時に効力を生ずる（**到達主義**，97条1項。到達とは，意思表示の内容を相手方に了知させることではなく，「了知可能の状態」に置くことである。最判昭和36年4月20日民集15巻4号774頁。手紙が郵便受けに入れば相手方が開封するまえでも到達となる。また，相手方が正当な理由なく到達を妨げた場合は，通常到達すべきであった時に到達したとみなされる。同条2項）。

申込みを受けたBが承諾の意思表示をする場合は，その承諾の意思表示が申込者に到達した時に承諾が効力を生じ，この時点で申込と承諾が合致するから，契約が成立をする（522条1項）。Aの申込みの意思表示は，発信の時に権利能力，意思能力や行為能力があることが必要であり，かつ，それで十分である（97条3項。ただし，契約の場合には，これらの必要な能力を失ったとすれば申込みが効力を有しないとAが表示していたときに例外が認められる。また，能力の喪失をBが承諾をする前に知ったときにも，申込は効力を有しないとされる。526条）。

2 意思の不存在と瑕疵ある意思表示

正常でない意思表示の
さまざま

内心的効果意思を欠いて意思表示がされる事態を**意思の不存在**とよぶ。買おうとしている物はブランデーであってウィスキーでないと考えている人がウィスキーを指して，これを買いたいと述べることは，意思の不存在である。これから考察してゆくものでは，意思不存在の錯誤，虚偽表示，そして心裡留保が意思の不存在に当たる。

これに対し，表示に対応する内心的効果意思は存在するが，その内心的効果意思の形成過程において瑕疵が存するものが，**瑕疵ある意思表示**である。瑕疵とは，"きず"という意味である。「瑕疵ある意思表示」という言葉は，120条2項などに出てくる。コーヒーにはカフェインが入っていないという嘘の話を信じてコーヒーを注文した人が，それを飲んで眠れなくなった，という場合の注文の意思表示は，コーヒーを注文しようと思って同旨のことを述べているから，意思の不存在ではないが，なぜコーヒーを欲する気持ちになったか，というところに瑕疵がみられる。このあと取り上げるものでは，基礎事情の錯誤，強迫，そして詐欺による意思表示が瑕疵のある意思表示である。

錯　誤

おおづかみに考えて，表意者が何らかの"かんちがい"をして意思表示をした場合には，それにより成立した法律行為の効果を表意者が常に受け容れなければならない，とすることは，適当でない。そこで，民法は，錯誤に関するルールを用意する。

（1）　意思不存在の錯誤　　しかし，ひとくちに"かんちがい"と言っても，いろいろなものがある。まず，**意思不存在の錯誤**は，表意者が表示した内容に対応する内心的効果意思が欠け，その欠けていることを表意者が知らないで意思表示をした場合である。11月1日の夜にホテルに宿泊したいと考えている人が，ホテルとの交渉において，10月1日に宿泊したいと伝え，そして，自分が誤って伝えていることに気づいていない，という場合である。

　もっとも，かんちがいがあると，つねに錯誤を理由とする取消しができるというものではない。表意者が自分の真意と異なることを知っていたとすれば意思表示をしなかったと認められる場合であって，通常人が考えても，そのような意思表示をしなかったと認められる場合であれば，意思表示を取り消すことができる。法文は，このことを「錯誤が法律行為の目的及び取引上の社会通念に照らして重要なものであるとき」と表現する（95条1項柱書）。宿泊の日が異なることは，この場合に当たると考えられるから，表意者に重大な過失がない限り，ホテルに対してした宿泊の申込みを取り消すことができる（同項1号）。

（2）　基礎事情の錯誤　　また，目的物の性質や状態など法律行為の基礎とした事情について，その認識が真実に反する場合も，錯誤を話題とすることができる（95条1項2号）。こちらは，動機の錯誤とよばれたこともあるが，真実に反するという事実認識のことが主題となるから，**基礎事情の錯誤**とよぶことにしよう。11月1日に404号室を提供する，という話で宿泊を決めた客は，偶数番の部屋が海側であり，そこからは海を望むことができると思い込んでいたが，真実はそうではない，というような場合である。日付と宿泊室の特定において意思表示に対応する意思があるから，ここに意思の

不存在はない。これを常に取り消すことができるとすることは適切でないから，その事情が法律行為の基礎とされていることが表示されていたときに限り，取り消すことができる（同条2項）。そこで，海を望むことができる趣旨で404号室を提供する，ということが契約の内容とされた場合において，じつは海を望むことができるのは奇数番の部屋である，というときに，客は，この宿泊の契約を取り消すことができる。

（3）　表意者に重大な過失がある場合などの特則　　意思不存在の錯誤の場合も，また基礎事情の錯誤の場合も，表意者に重大な過失があって意思表示がされた場合は，特別のルールが用意される。まず，表意者に錯誤があることについて相手方に悪意または重大な過失があるときは，原則のとおり，表意者に重過失があっても取消しができる。また，相手方が同じ錯誤に陥っていた場合も，同様である。これらのいずれにも該当しないにもかかわらず，表意者に重過失がある場合は，錯誤に係る意思表示を取り消すことができない（95条3項）。

虚偽表示

表意者が相手方と通謀して内心的効果意思と異なる意思表示をすることが，**虚偽表示**である。丁寧によぶ際は，通謀虚偽表示ともいう。借金をしているAが，その所有している絵をBに売ったことにしてBへの引渡しもした，という場合が，これに当たる。Aの家に来て借金の返済を迫る債権者が，「お金が返せないのであれば，ここに掛けてあった絵を渡して欲しい」と言ったときに，Aは，「じつは昨日Bへ売ってしまった。このとおり契約書もある」と言いくるめて（あまり感心できることではないが），いったん債権者にお引き取りいただく

ことが可能となる。また，絵を買った"ことになっている"Bは，自宅でパーティーを催し，客らに「これ本物のセザンヌの絵ですよ。昨日Aさんから買ったんです」と見せびらかすことができる。本当はAに売る意思がなく，Bにも買う意思がないから，Aの家から債権者が帰り，Bの家のパーティーが終わったならば，絵はBからAに戻すことが，ふつうであることであろう。もしBが，この絵を気に入ったので本当に自分のものにしようと思う，と主張したときに，Aは，絵の返還を請求することができるであろうか。請求することができると考えられる（121条の2第1項）。「相手方と通じてした虚偽の意思表示は，無効とする」とされており（94条1項），契約が無効であるとすると，それに基づくAからBへの所有権移転も生じていないからである。

| 心裡留保 | 内心的効果意思と表示内容が一致していないことを表意者が知りながら意思表示がされることを**心裡留保**とよぶ。「裡」とは，"内側"，"裏側"という意味の字であり，心裡留保は，表示とは異なる意思が表意者の心の内側に潜んでいる，という意味である。Bに絵をプレゼントする意思などないのにAが贈与の約束をする書面を作成したといった場合が，心裡留保に当たる。心裡留保も意思の不存在の一つの場合であるが，ここでは錯誤や虚偽表示の場合とは異なり，意思表示は，原則として効力を有する（93条1項本文）。真意と異なることを知りながら意思表示をした表意者を相手方の犠牲において保護する必要はないからである。もっとも，相手方が表意者の真意でないことについて悪意または有過失であったときは，無効とされる（同項ただし書）。たとえば，授業に遅刻した学生を叱る教師が，「反省のために

形だけでよいから，退学届を出せ」と求め，これに応じて退学届が
されても，学校の側は学生の真意を知っており，退学とはならない
（もっとも，これは一種のパワー・ハラスメントであり，あまり感心したこ
とではありませんね）。

| 強迫による意思表示 | 他人から害悪を告知され，そのために畏怖 |

他人から害悪を告知され，そのために畏怖
をしたことにより行った意思表示が**強迫**に
よる意思表示であり（最判昭和 33 年 7 月 1 日民集 12 巻 11 号 1601 頁），
表意者は，これを取り消すことができる（96 条 1 項）。害悪を告知
する他人は，意思表示の相手方でなくてもよい。絵は本物であるが
模造品の値段で売ってくれないと浮気を奥さんにバラすと脅されて
売ることにした場合において，その絵を売る意思があるということ
はたしかであるが，そのような意思をもつに至った過程に不正常な
事情がある。浮気を奥さんに言いつけると言ったのが買主でなくて
も，表意者は，売買の申込みを取り消すことができる。

| 詐欺による意思表示 | 他人に欺罔されて錯誤に陥ったことにより |

他人に欺罔されて錯誤に陥ったことにより
する意思表示が，**詐欺**による意思表示であ
る。欺罔とは，だます，という意味であり，意思表示の前提である
事項について虚偽の事実を虚偽と知りながら告げて故意に表意者を
錯誤に陥らせることをいう。つまり，詐欺による意思表示であると
されるためには，詐欺をする者に欺罔の故意がなければならない。
その故意は，表意者が主張立証する。

　錯誤の考察に登場した海を望むことができる部屋とそうでない部
屋の話を続けるならば，全室について海の眺望が可能であるとする
説明をホテルがわざとしたのであるとするならば，契約をした宿泊

客は，その契約を取り消すことができる（96条1項）。

　また，ホテルでない第三者が客となる者に虚偽の事実を告げて宿泊契約をさせた場合は，その事実についてホテルが悪意または有過失であるときに，客は宿泊の契約を取り消すことができる（同条2項）。強迫の場合には第三者による害悪告知のときにも制約なく意思表示を取り消すことができるのに対し，詐欺について取扱いが異なるのは，強迫により意思表示をした者のほうを厚く保護しようとする法の趣旨の表われである。

|関連／消費者契約法に基づく取消し|　マンションの売主が，隣地に建物が建たないであろうという見通しを述べ，買主に対し日照や眺望が良好であることを強調した，|

という契約成立時の事情がある場合に，のちに隣地に建物が建てられたというときの，買主から売主に対する法的責任の追及は，売主の詐欺を理由とする契約の取消し（96条1項）を考えることが可能な場合もある。しかし，詐欺の成立のためには，売主が有していた欺罔の故意（隣地に建物が建つことを知りながら，その見通しがないと告げたこと）を立証しなければならない。問題のマンションの売買契約が**消費者契約**（第1章1④　民法における人のイメージ参照）に当たる場合に，この証明の負担から買主を解放するのが，消費者契約法4条1項1号が定める**不実告知**を理由とする取消しである。この場面を含め，消費者契約法が定める取消事由には，つぎのようなものがあり，消費者保護に大きな役割が期待される。

　(1)　重要事項についての不実告知による誤認の惹起（同法4条1項1号）　ふつう日照は，住宅という「契約の目的となるものの質……の内容」として消費者が「契約を締結するか否かについての

判断に通常影響を及ぼすべき」事項（同法4条5項1号）であるから，消費者契約法4条において問題となる重要事項に当たると考えられる。そうすると，隣地に建物が建つ見通しがないと告げることは，重要事項について事実と異なることを告げるものであり，告げられたことを事実であると誤認した消費者は，売買契約を締結するためにした意思表示を取り消すことができる（建物築造の可能性を売主が知っていることを要しない）。また，契約の目的物そのものの質などについては問題がないとしても，その目的物が消費者の生命・身体・財産など重要な利益についての損害や危険を回避するために通常必要であると判断される事情も，不実告知に関しては重要事項であるとされる（同法4条5項3号）から，ある物を買って備えおかないとケガをしたり物が壊れたりしますよ，という誘いに乗ってした契約に係る意思表示も取り消すことができる。

(2) 故意による不利益事実の不告知による誤認の惹起（同法4条2項）　重要事項であると考えられる日照について，高層階であるから，それが良いということを強調する売主が，隣地の築造計画を知っていたのに告げなかったため，買主が，そのような築造計画はないものと誤認した場合が，これに当たる（売主は，すすんでウソを言ったものではないが，わざわざ日照の点を強調しておきながら，知っていることを告げないことは，咎められなければならない）。売主が築造計画を重大な過失により知らなかった場合も，同様である。

(3) 断定的判断の提供による誤認の惹起（同法4条1項2号）売主が，このマンションは必ず来年は価格が1.5倍に上昇すると告げ，そのような予測が確実であると買主に誤認させた場合などである。

(4) 退去妨害による困惑の惹起（同法4条3項2号）　事業者の

店舗を訪れた消費者が，いまマンションを買うつもりはないから帰ると告げたのに事業者が退去させてくれないため消費者が困惑した場合などである（退去させてくれない経緯が強迫の要件を充たす程度になっていなくても取消しができるから，強迫の立証負担から消費者を解き放つ意義がある）。

　（5）　不退去による困惑の惹起（同法4条3項1号）　　自宅への訪問を受けた消費者が，マンションを買うつもりはないから帰るよう求めたのに事業者が退去しないため消費者が困惑した場合などである（強迫の立証負担を除く意義があることは，（4）と同じ。宅地建物取引業法37条の2のクーリング・オフ〔本章1④　クーリング・オフ〕との関係は，それが特別の事由がなくても随意にできるかわりに8日以内にしなければならないのに対し，消費者契約法の取消しは，不退去による困惑の経過を立証しなければならないが，同法7条により，原則として困惑を脱してから1年以内であればすることができる）。

　（6）　過量な内容の契約（同法4条4項）　　おとしよりが必要がないものを多量に買ってしまう，というようなことは，その消費者に後見・保佐・補助が開始されていれば，それで守ることもできる。しかし，この仕組みがいつも働くとは限らない。そこで，事業者が，このように過量な契約であることを知っているのに勧誘をした場合において，その勧誘により成立した消費者契約は，消費者において，それに係る意思表示を取り消すことができる（同項前段）。消費者が既にしている同種の取引の量と合算して過量になることを事業者が知って勧誘をしたときも異ならない（同項後段）。

　（7）　いろいろな態様の不当な勧誘により締結された契約　　この講座を受講しなければ就職活動には成功する見込みがない，とか，この本を買ってくれなければもうデートはしない，また，お金に心

配のない老後を過ごすのにはこの金融商品を買わなければならない，などと告げられて締結した契約をそのまま認めなければならない，ということは，おかしい。社会生活上の経験の不足から，願望の実現について抱く過大な不安や恋愛感情，また，加齢や心身の故障による判断力の低下などの消費者の状況に乗じ，消費者契約法4条3項の3号・4号・5号が定める態様の勧誘をして締結された契約は，取り消すことができる。霊感など合理的な実証が困難な知見を示して（うちで販売している壺を家に備えていないから御先祖の霊がこのあたりを彷徨っている，などと告げ）不安を煽り，同項6号が定める態様でした勧誘により締結された消費者契約も，異ならない。また，契約が締結されていないにもかかわらず，事業者の側がそれに基づく義務の内容を一部でも実施して原状回復を困難にしたり，あるいは，事業者が物品を調達するなど契約締結をめざした事業活動をし，それが消費者のために特に実施したものであって，その損失の補償を同人に請求する意向を告げられたりして締結した消費者契約も，見逃されてはならない。あなたの身体に合うように採寸を済ませたジャケットを仕立てて持参しましたから，うちとしては買ってもらわなければ困る，などという話の流れを作って契約を締結させるなどした事業者に対しては，同項7号・8号の要件のもと，消費者において取消権を行使することができる。

| 第三者の保護 | 意思の不存在や意思表示の瑕疵を理由に契約が無効となったり，取り消されたりする

と，第三者が不利益を受けることがある。AがBに土地を売る旨の契約が成立し，これを前提にCがBから土地を買い受けた場合において，A・B間の契約が虚偽表示により無効であったとしても，

不実の外形を作り出した当人であるAがCの所有権取得を否定することができるのは，おかしい。そこで94条2項は，Cが虚偽表示の事実を知らなかった場合は，Aは，Cに対し虚偽表示による無効を主張することができないとする。同じように，契約が心裡留保により無効とされる場合（93条1項ただし書）も，すすんで真意と異なる意思表示をした表意者を保護する必要は乏しいから，意思表示の無効は，やはり善意の第三者に対抗することができない（同条2項）。

これらと少し異なり，上の設例のAに錯誤があったため契約が取り消される場合は，Aが，Cから見てBが所有者である外形を意図して作出したものではないから，Aを保護する必要も認められる。そこで，この場合のCは，善意であることについて無過失であったときに限り，Cに取消しを対抗することができないとされる（95条3項）。詐欺による取消しも同様である（96条3項）（→◆民法の一大難問／転得者の扱い）。

◆民法の一大難問／転得者の扱い　AがBに土地を売る旨の契約が虚偽表示に当たる場合において，Bから土地を買ったCが悪意であるときに，AはCから土地を取り返すことができる。しかし，それをAがしないでいるうちに，Cから土地を買ったDが出現し，そしてDが善意であるならば，Dは，94条2項による保護を受けることができる。ここまでは異論がない。これに対し，Cが善意でDが悪意であるときは，どうか。考え方は二つに分かれる。第一は，いったん善意者が出現したからには転得者が悪意であっても保護されるとするものであり（絶対的構成），第二は，個別の第三者の主観的容態に基準を求め，悪意の転得者は保護されないとするも

のである（相対的構成）。いずれの構成にも難点がある。前主として善意のCが介在するように（わざわざ）仕組む（いわばCがワラ人形である）場合のDが保護されることになってしまうことが，絶対的構成の難点である。相対的構成ではAがDから土地を取り戻すことが可能となるが，そうすると，DがCに対し売主の責任（561条・415条1項）を追及することができることになり，善意者保護の実質が損なわれる。また，A・B間の契約が虚偽表示であることが報道などにより広く世上に知れた場合には，Cからの譲受人が現われにくくなる（悪意者として扱われることを覚悟のうえで譲り受ける者はいない）。同じ論点は，32条1項後段・93条2項・94条2項・95条4項・96条3項，そして消費者契約法4条6項などにもあり，学説上の論議が続いている。

③ 契約と社会

契約内容の社会的妥当性

契約が有効である，ということは，ただ単に，それを当事者が守らないことはよくない，という素朴なことを意味するものではない。有効な契約においては，債権者が債務者に対し履行を請求することができ（412条の2第1項は，このことを前提として，その例外を定めるものである），契約から生じた義務を当事者が履行しないときには，その履行を国家権力により強制される（414条1項本文）。したがって，契約が有効であると評価されるためには，その内容が国家権力により履行を強制するに価する社会的妥当性をもつものでなければならない。そのような意味で契約は，単なる個人のあいだの約束ではなく，社会と密接な関わりをもつ。このことを90条は，「公の秩序又は善良の風俗」に反する契約を無効とする，という仕

方で表現する。カギカッコで包んだ概念は，**公序良俗**と縮めて表現
されることも多い。

<hr />

公序良俗違反の類型　抽象的な価値判断基準を内容とし，その具
体的な運用を個別の事例における裁判官の
認定・解釈に委ねる法律の規定を一般条項という。90 条は一般条
項の典型であり，したがって，どのような契約が公序良俗違反とさ
れるかを画一的・網羅的に描くことはできない。ここでは，特別な
事情がない限り公序良俗違反とされるであろうと思われる契約の一
応の類型を示すことにしよう。

　(1)　犯罪行為を内容とし，または犯罪行為を助長・支援するこ
とを内容とする契約　　殺人を請け負う契約（時代劇"必殺シリーズ"
に出てくるような話）などは，この典型である（刑法 199 条参照）。

　(2)　基本的人権の尊重という理念に反する契約　　憲法が保障
する基本的人権は，国や地方公共団体に対する関係で市民に保障さ
れるものであり（したがって，特定の宗教の信者であることを理由に国
立学校に入学を認めないことは違憲である。憲法 14 条・20 条），その保
障は，市民と市民とのあいだに直接に及ぶものではない（信者の子
のみ入学を許す私立学校に違憲の問題は生じないし，公序良俗にも違反し
ない）。しかし基本的人権は，その保障の趣旨からいって，市民相
互の間においても尊重されなければならない場面がある。たとえば
奴隷的拘束（憲法 18 条）を内容とする契約は，公序良俗に反し無効
とされなければならない。

　(3)　暴利行為　　契約の成立した状況または契約の内容に鑑み，
著しく不公正であると認められる契約も，無効とされなければなら
ない。すなわち，相手方の困窮，経験や知識の不足など相手方が法

律行為をするかどうかを合理的に判断することができない事情があることを利用して，著しく過大な利益を得る法律行為は，無効である（大判昭和9年5月1日民集13巻875頁）。不動産に関する知識や経験がない者に対し，そのことを利して，ほとんど無価値の土地を売りつけること（原野商法）は，これに当たる。貸主が借主の窮迫に乗じ短期間の弁済期を定め，貸金の額を著しく上回る時価の不動産を代物弁済（482条）とすることを約する契約は公序良俗に反して無効であるとされるが，それは，このような法律行為の客観的な内容と，この法律行為がされた状況の主観面とが総合的に勘案されたことによる（最判昭和27年11月20日民集6巻10号1015頁）。

　(4)　公正な市場の確保を阻害する契約　　たとえば，ある町で同じ商品を売る業者仲間のあいだで一定価格以下では販売をしない旨の協定をし，これに背いた場合には違約金を払う旨の約束をしても，この約束は，無効である（私的独占の禁止及び公正取引の確保に関する法律3条参照）。

　(5)　家族制度の基本原則に反する契約　　民法の親族編（725条以下）のなかの基本的な原則は，国民の家族生活の骨格を形づくるものであり，これを破る約束は，許されない。たとえば，伯父と姪のあいだで結婚生活を始めることを約する契約は，734条1項の趣旨に反し，無効である。

強行規定と任意規定

重婚を禁止する732条は家族制度の基本を定めるものであるから，90条にいう「公の秩序」の一部を構成する。このような規定を**強行規定**とよぶ。これに対し，売買代金は引渡しの場所で支払うべきものとする574条は，必ずそうでなければならない公益上の理由はないから，「公の

秩序に関しない規定」（**任意規定**ともいう）であり，その内容と異なる合意が有効とされる（91条）。

　任意規定と異なり，強行規定に反する契約は原則として無効であると考えるべきであるが，ただし，以下の点には注意をしておかなければならない。まず，強行規定違反は公序良俗違反の一つの重要な形態ではあるものの，強行規定の明文に反していないからといって公序良俗違反にならない，というものではない。労働基準法は国籍や信条による労働条件の差別的取扱いを禁ずるにとどまり（3条），明文上，性別による差別的な取扱いを一般的に禁じてはいない（4条参照）けれども，にもかかわらず，男女で異なる定年を定める就業規則は，その合理性が認められる特別の事情のある場合を除いては，90条により無効と考えるべきである（最判昭和56年3月24日民集35巻2号300頁。この判例ののちに制定された重要な法律として，「雇用の分野における男女の均等な機会及び待遇の確保等に関する法律」があり，ここでの問題には，その6条4号が関係する。また，同法9条参照）。

　また反対に，公益に関する明文の規定に反する契約であっても，その規定の趣旨によっては，有効であるとみるべき場面がある。食品を販売しようとするのには許可を受けなければならないという場合において，無許可で食肉店を営む者が精肉を購入する契約は，無効ではない（最判昭和35年3月18日民集14巻4号483頁）。無許可業者であることを相手方が知らないこともあるし，無許可業者本人が刑事罰を受けることで十分であるからである。

| **不法原因給付との関係** | いわゆるブラック企業の実態がある会社から暴力をふるうと脅され，朝から夜まで工 |

場の外に出ることを禁じられて，ひたすら働かなければならないと

いう契約をした人がいるとする。初めのうち，労働者は，約束に従って労働し，それに対する賃金を受け取っていたが，やがて耐えることができなくなり，工場を逃げ出したとしよう。会社は，労働者に対し，契約に違反し，働かなかったことを理由とし，それにより損害が生じたとして，その賠償を請求することができるか。この契約は，奴隷的拘束ないし強制労働（憲法18条，労働基準法5条）を課する不当なものであり，公序良俗に反するから，無効である。このような理由で裁判所は，会社の損害賠償請求を認めないであろう。では，会社は，契約が無効であることを根拠にして，労働者に払った賃金を返せ，と主張することができるであろうか。契約が無効であるとすると，この請求は認められそうにも思われる（121条の2第1項）。しかし，この賃金は，脅かして強制的な労働をさせようとする「不法な原因のために……給付したもの」である（708条。これを**不法原因給付**とよぶ）から，返還を請求することができない。結局，このブラックな会社は，いわば汚れた手をもつ者であり，契約が有効であることを前提とする主張も，反対に無効を前提とする主張も，いずれも裁判による助力を拒まれる（クリーン・ハンズの原則）。

関連／消費者契約法に基づく不当条項の無効

消費者が事業者とのあいだでする契約は，両者間に交渉力の格差などがあることから，不当な内容の特約条項が含まれることがみられる。それらが公序良俗違反など民法の定める無効事由にピッタリ当てはまらないからといって，有効としてよいであろうか。あるカップルが結婚披露宴をすることになり，大安の日に会場が空いているホテルを探す，という場面を想い浮かべてみよう。二人とも仕事があり忙しいなかで両方の都合が良い日を調整して，ホテルの窓

口を訪ねて交渉をした。二人にとって初めての経験である。そうした状況のなかで，ホテル側が提案した特約条項を受け容れたからといって，それらをすべて有効とすることは社会的な妥当性に欠けると考えざるをえない場合がある。

（1）　不当な免責条項の無効　　会場がダブル・ブッキングをしていて，披露宴を催すことができない，という事態になったとしよう。「たとえ当ホテルのミスで披露宴ができないこととなったとしても損害賠償は一切いたしません」という特約条項に合意していたら，損害賠償請求はできないのであろうか。そのようなことはない。消費者契約法8条1項1号により，この条項は無効である。「損害を賠償するかどうかは当ホテルのほうで判断させていただきます」という特約条項も，異ならない（そのほかの免責条項で同条により無効とされるものとして，同項2号・3号。4号。なお同条2項参照）。

（2）　消費者の解除権を放棄させる条項の無効　　同じ場合に消費者の側の契約を解除する権利を放棄させたり，解除の可否を事業者が決めるものとしたりする条項も，無効である（消費者契約法8条の2）。

（3）　不当な損害賠償予定の無効 I　　披露宴が取りやめとなってカップルの側からキャンセルをした場合には一定額の損害賠償を支払わなければならない，という条項は，どうであろうか。たしかに大安の日にドタキャンをされるときに，ホテルが他の客の披露宴に会場を提供する機会を失ったことを考えると，いくらかの賠償はしなければならない。しかし，当日のドタキャンではないのに法外な賠償額を予め定めることは，許されない。消費者契約法9条1号は，事業者が被る「平均的な損害」を超える部分の損害賠償の約束は，無効であるとする（これに近い事例として，パーティーのキャンセ

ルに伴い飲食店を営む事業者に支払うべき違約金について「平均的な損害」を超える部分の支払義務を否定する東京地判平成14年3月25日判例タイムズ1117号289頁がある）。

　(4)　不当な損害賠償予定の無効Ⅱ　　カップルのほうの代金支払が遅れたならば，ペナルティとして不払額に一定率を乗じた違約金を支払うという条項も，法外な違約金を定めるものを有効とすることはできない。消費者契約法9条2号は，年14.6パーセントを超える部分を無効とする。ホテルの窓口で相談をしたのみであるにもかかわらず，数日のうちに御連絡がなければ契約をしていただいたものとします，という定めなど，許されてはならない。

　(5)　消費者の不作為の効果の濫用的な定めの無効　　消費者が何もしないでいること，すなわち不作為をもって新しい消費者契約の申込みや承諾の意思表示をしたものとみなす条項も，無効である（消費者契約法10条の例示）。

　(6)　消費者に一方的に不利な条項　　一般に契約を解除するのには，催告をしたうえで相当期間内に履行がないときに解除をするという意思表示をすることが求められる（541条・540条）。それなのに「お客様に代金不払などの債務不履行があれば契約は自動的に失効します」と定められ，半面ホテル側の不履行に対しては民法の普通のルールが適用される，というような約束がされたとしたら，どうであろうか。明らかにバランスに欠けると言わなければならない。そこで消費者契約法10条は，「法令中の公の秩序に関しない規定の適用による場合に比して消費者の権利を制限し又は消費者の義務を加重する消費者契約の条項であって，民法第1条第2項に規定する基本原則に反して消費者の利益を一方的に害するものは，無効とする」と定めている。

契約の効力が否定される諸場合

当事者らのした申込みと承諾の内容が合致し，したがって成立したと認められる契約は，特別の事情がない限り有効である。契約が有効である，ということは，当事者が意図したとおりの契約の効果が生ずる，ということを意味する。いちばん大事なことは，契約に基づく義務が発生することである。物の売買契約であれば，売主は，売ることにした物の所有権を移転する義務を負い，買主は，代金を支払う義務を負う。

しかし，当事者のあいだに成立した契約は，さまざまな理由から，その効力が否定されることがある。契約の効力を否定しようとする誰かの意思表示を待たないで，当初より契約が効力がないとされるのが無効である。これに対し，契約が成立したときの事情に問題点があり，それにより不利益を被るおそれのある当事者が契約を取り消す旨の意思表示をするときに，契約の効力が否定されることが取消しである。また，契約は問題なく成立したが，そののちに，契約から生じた義務を一方の当事者が履行しないときに，他方の当事者は，契約を解除することができる。

無効ということ

ある契約が**無効**である，ということは，その契約が当然に効力を有しない，ということを意味する。"当然に"とは，当事者の主張や裁判所における手続などを経ないでも，効力を有しない，という扱いがなされる，ということである。"自動的に"と言い換えてもよい。無効であることを主張するのに，時間の制限はない。契約成立ののち無効を主張

しないまま数年が経過すると，無効であったものが有効になる，ということはない。

　また，無効であることは，だれからでも主張することができることが原則である。例外として，意思無能力を理由とする無効は，もっぱら表意者本人の利益を保護するためのものであるから，表意者とその承継人のみが主張することができる。

　殺人を請け負う契約は公序良俗（90条）に反し無効であり，このことは当事者の両方および第三者など，何人からでも主張することができる。契約が無効であることになると，いまだ履行していない義務は履行しなくてよいことになり，また，すでに履行していた義務も法律上の原因を失う。売買契約が虚偽表示（94条）により無効である，という場合に，売主が，まだ物を渡していないときは，渡さなくてよいことになる。また，売主は，買主が代金を支払っていた場合において，原則として代金相当額を買主に返還しなければならない（121条の2第1項，例外的な考慮がされる要件について，同条2項・3項〔→◆無効・取消しの場合の原状回復〕）。

　◆無効・取消しの場合の原状回復　契約が無効である場合において，その契約に基づいて生じた義務は，履行をする必要がない。既に履行がされている場合には，履行された給付は，法律上の原因がなく，その給付により得られた利得が返還されなければならない（703条）。これらのことは，契約が取り消され，遡って無効になる場合（121条参照）も，同じである。

　もっとも，703条の法文を素直に読むと，利得をした者の悪意が立証されない限り，「利益の存する限度」において返還することになる。

　しかし，有償契約の場合において，その契約で考慮されていた対

価的な均衡は，無効の場合の原状回復においても無視されてはならない。代金を 100 万円と定め，時価も 100 万円である物を売るという契約に基づき，売主が買主に物を引き渡し，買主が売主に代金として 100 万円を支払い，その後にその物が損傷して 20 万円の価値しか有しないこととなった場合において，その契約が実は無効である，という場合を考えてみよう。売主が 100 万円を返還しなければならないとされるのに，買主は物をそのまま返還すればよいとする解決は，妥当でない。そこで，売主も買主も「相手方を原状に復させる義務を負う」とされ（121 条の 2 第 1 項），買主は，売主に対し，物を返還すると共に，時価との差額である 80 万円を価額で償還する義務を負う。このように，ここでは 703 条を適用せず，特別のルールが用意される。

　ただし，消費者である買主は，消費者契約である売買契約に係る意思表示を取り消した場合において，給付を受けた当時に意思表示が取り消すことができるものであることを知らなかったときは，現に利益を受けている限度において返還の義務を負うことでよい（消費者契約法 6 条の 2）。

　また，売買でなく贈与が無効であった場合においても，給付を受けた当時に受贈者が善意であったときは，「現に利益を受けている限度」でよい（121 条の 2 第 2 項）から，損傷したままの物を返すことでよい。さらに意思無能力で契約をしたり行為能力を制限されていたりした者は，有償契約であるか無償契約であるかを問わず，また，善意・悪意を問題としないで，現に利益を受けている限度においてのみ，原状回復の義務を負う（同条 3 項）。

無効原因のいろいろ　　申込みと承諾の内容が合致し，したがって契約が成立したと考えられる場合であっても，その契約が効力がない，すなわち無効とされる場面は，いろい

ろある。この本で既に登場した無効原因には，① 意思無能力（3条の2），② 公序良俗違反（90条），③ 相手方に悪意または有過失のある場合の心裡留保（93条1項ただし書），④ 通謀虚偽表示（94条）があった。ここではさらに，内容不確定という問題を紹介しよう。内容を確定することができない契約は無効である，と言われてきた。「私の家にある絵を売ろう」と売主が言い，これを買主が承諾した場合に，これのみでは，どの絵を売買するかが，わからない。このような場合に法律家は，それまでの当事者の交渉の経緯や代金の額などを手がかりにして，契約の内容を明確にすることに努める。この作業を**契約の解釈**とよぶ。これを尽くしても内容がはっきりしないときに，その売買契約は，内容が不確定であるから無効であるという考え方である。しかし，近時は，これを無効の場合と考えることがよいかどうか，問題提起もされている。なにか絵を売ろう，という約束でも，ひとまず契約としては成立し，それを無効であると考える側がその説明をしなければならない，ということではなく，そもそも，意味のある仕方での申込みと承諾の一致がなく，契約は成立していないのではないか，とも考えられる。たしかに，申込みは，「契約の内容を示して」されなければならず（522条1項），"ある絵"と述べるのみでは，内容を示していないと考えることもできる。

　なお，これらのこととは区別される問題として，不可能なことを内容とする契約は，その理由で常に無効とされるものではない（契約が有効であることが前提とされるから，412条の2第2項において，債務不履行の損害賠償の請求が認められる）。たとえば，火星の石をプレゼントしよう，という契約は，将来はともかく現在の科学技術の水準の下で一般の人がする契約としては，その履行が相当に困難である

とみられるが，そうであるからといって無効になるものではなく，火星の石を給付することができない場合に当事者が解除をするならば，それにより効力を失う。ここでは，契約が一度は有効に成立したが，解除により効力を失うという論理が用意される。542条1項1号において，「履行が不能となった」でなく，「履行が不能である」とされるのは，当初から不能であっても契約が有効に成立し，そして，その解除が問題になる，ということである。

| 無効行為の追認 |

追認は，無効である法律行為，または確定的に有効になっていない法律行為を有効なものとして確定させる趣旨の意思表示である。無効原因がある法律行為について追認がされた場合の取扱いについて，民法は，「追認によって……効力を生じない」としたうえで，「当事者が……無効であることを知って追認をしたとき」は，「新たな行為をしたもの」と扱うと定める（119条）。これによるならば，虚偽表示（94条）である契約を両当事者が追認したときは，追認の時に，その契約をしたことになる。もっとも，殺人を委託する契約のように，公序良俗（90条）に反するものは，追認をしたとしても，119条ただし書にいう「新たな行為」それ自体が公序良俗に反して無効であるから，追認をすることの実際上の意味は乏しい（ただし，当初の行為の時に法令上取引が禁じられていた物の取引が後日に解禁されるような場合には，追認に意味のあることもあるであろう）。

| 取消可能とのちがい |

契約が無効であるとされることと，契約を取り消すことができる，ということとは意味がちがう。無効は，無効である旨の主張を待たず当然に無効であ

るとする効果が認められるのに対し，**取消可能**とされる契約は，取消しをする旨の意思表示があって初めて当初から無効であったものとされる（121条）。契約を無効とする原因としては，上に整理したようなものがあり，また，取消可能とする原因としては，行為能力の制限（5条2項・9条・13条4項）や，錯誤（95条），不実表示など消費者契約法が定めるもの（同法4条），さらに瑕疵ある意思表示（96条）があった。典型的な無効と取消可能を比べると，無効は誰からでも主張することができるが，取消権を行使することのできる者は限られる（120条）。また，取消権は126条の定める期間内に行使しなければならないが，無効の主張に期間制限はない。

| 取消可能な契約の追認

取消可能な契約は，取消権を有する者が取消しをしない限り有効であり，そして取消権は，126条の定める期間内にのみ行使することができる。このことを言い換えると，取消可能な契約は，いちおうは有効であるが同条の期間が経過するまでは"もしかすると取り消されるかもしれない"ものである，ということになる。このような浮動の状態を解消し，同条の期間の経過を待たないで契約を有効なものと確定させることが，追認である。追認の法律的な意味は，取消権の放棄であるから，追認をすることができるのは，取消権を有する者にほかならない（122条参照）。追認は，相手方に対する意思表示によりされる（123条）が，これをすることができる時期には，制限がある。まず追認は，取消原因である状況がなくなり，取消権を有することを知ったあとでなければ，することができない（124条1項）。だまされていたことに気づいていない者が，「自分のした契約は，どんなことがあっても取り消したりしない」と言ったとしても，有効な追認

とはならない。

　また，未成年者・被保佐人・被補助人は，その行為能力の制限が解かれる前に自分のした行為を追認しようとする場合は，法定代理人・保佐人・補助人の同意を得てでなければ，追認をすることはできない（124条2項2号〔→◆**制限行為能力者のする追認や代理**〕）。なお，取消権者による追認の意思表示がされていなくても，取消権者に取消権の行使を認めるのがふさわしくないような行為があった事実があるときは，取消権を失うと考えるべきである。これを**法定追認**といい，どのようなときにそれが生ずるかは125条に掲げられている。たとえば，だまされて物を売った者が，だまされたことに気づいたにもかかわらず，買主に対し代金を請求するような場合（同条2号）には，売主は，原則として取消権を失う。

　　◆**制限行為能力者のする追認や代理**　　制限行為能力者のする法律行為をめぐる民法の定めを少し整理しておこう。被保佐人を例に取り，考えることがよい。まず，被保佐人が，その所有する土地を売る旨の契約をするには，保佐人の同意を要する（13条1項3号）。保佐人の同意を得ないでした場合において，被保佐人は，これを取り消すことができる（同条4項・120条1項）。この取消しをするのに保佐人の同意は，要しない。売買をする前の法律状態に戻るものであり，被保佐人の新しい不利益が生ずるおそれはない。反対に，この売買を追認することは，被保佐人が単独ですることはできない。追認を単独ですることができるということになったのでは，売買に保佐人の同意を要するとするルールが意味を失う。したがってまた，相手方が追認をするかどうかを被保佐人に質しても，被保佐人が保佐人の同意を得て追認をしなければ，取消しがされたものとして扱われる（20条4項）。

被保佐人も，他人の法定代理人になることができる（847条の欠格事由に当たらない）。後見が開始された妻の成年後見人を被保佐人である夫が務める，ということになれば，この例となる。被保佐人である夫が，妻が所有する土地を売るには，保佐人の同意を得なければならない（13条1項3号・10号）。保佐人の同意を得ないでされた場合において，妻も夫も，この売買を取り消すことができる（120条1項，その括弧書も参照）。

| 撤　回 | 民法の規定には，行為能力の制限や意思表示の瑕疵といった事情がないのに，いちど |

した意思表示をキャンセルすることができるとされているところがある。たとえばAが，「自分の持っている絵を買わないか」とBに対し申込みをした場合において，この申込みのなかで，Bが承諾をすべき期間を定めていないときに，承諾の通知を受けるのに相当な期間を経過したあとであれば，Aは，「売ることをやめにした」とBに言うことができる。525条1項は，これを申込みの撤回と表現している。ここでAは制限行為能力者であったのではないし，だまされたり強迫されたりしてしたものでもない。このように，行為能力の制限や意思表示の瑕疵といった問題がないにもかかわらず法律が特に認める条件の下で意思表示の効力を消滅させることは，取消しと区別して**撤回**とよばれる（同項のほかに，同条2項や523条1項を参照）。

| 契約の解除 | 無効や取消可能はまた，解除とも異なる。無効と取消可能はいずれも，契約が成立し |

た時点で既に，虚偽表示とか意思表示の瑕疵といった何らかの法律

上の障害が存在している場合である。これに対し**契約の解除**は，はじめは有効に成立した契約について，一方当事者が履行しないことを理由として他方当事者が，契約に基づく権利義務関係を覆滅させることである。

建物とその敷地を売ることにしたＡが建物を引き渡さない場合において，買主のＢは，相当の期間を定めて履行を催告し（たとえば10日以内に引き渡して欲しいと求め），その期間内に引渡しがなければ，原則として，売買を解除することができる（541条）。

ただし，その相当の期間が経過した時点において，その債務不履行が契約および取引上社会通念に照らして軽微であることを債務者の側が主張立証する場合は，解除が認められない（同条ただし書）。そこで，軽微であるかどうかは，当事者がした契約の性質，契約をした目的，契約締結に至る経緯などの事情に基づき，取引の通念を考慮して判断される。たとえば，建物そのものでなく，敷地の隅にある樹木を撤去して土地を渡すことになっていたのにＡがそれをしないというようなときに，そのことのみで建物とその敷地の売買契約を解除することができるということは，一般的には，バランスの悪い話である。特別の事情がなければ，契約の解除を認めるべきではないであろう。もちろん，契約で約したことであるから，撤去を実行することを請求したり，その実行がされないことによる損害の賠償を請求したりすることはできる。

また，建物が燃えてなくなってしまった場合は，履行の全部についてそれが不可能になった場合に当たり，燃えてなくなってしまった以上は催告が無意味であるから，Ｂは，ただちに契約を解除することができる（542条1項1号）。

解除は，契約当事者のうちの解除権を有するほうが相手方に対す

る意思表示によってする（540条1項）。解除がされると，各当事者は相手方を原状に復させる義務を負う（545条1項）から，代金を受け取っていたAは利息を付けてそれを返さなければならない（同条2項）。なお，この原状回復義務の根拠については，二つの説明の仕方がある。解除によって契約関係は初めから存在しなくなったとみることを根拠とする説明（このような考え方を**直接効果説**という）と，従来の契約関係は消滅せず，むしろ，それを前提としながら，それと反対向きの原状回復の関係が生ずるとする説明である（この問題は*2*③で再び取り上げる）。

クーリング・オフ

休日に家で休んでいたBが，宅地建物取引業者Aの訪問を受け，良い土地があるので買わないか，と勧められ，思わず，「買いたい」と言った場合に，Bは，法律の定める一定の要件の下で売買の申込みを撤回することができる。これは，宅地建物取引業法37条の2で認められた権利である。同条によれば，その場でBが売買契約を締結してしまった場合にも，Bは，一定の要件の下でこれを解除することができる。これらの場合において，Bには，熟慮のための時間と情報が与えられなかったからである。マイホームを得たいという明確な目的をもち，家族とも相談したうえで，自分からAのオフィスを訪ねた場合のBとは，状況が本質的に異なる。このような売買の申込みの撤回および売買契約の解除は，**クーリング・オフ**と呼ばれ（他の法律における同様の制度の例に，特定商取引に関する法律9条や割賦販売法35条の3の10がある），消費者保護のうえで重要な役割を果たしている。

📖 **読書案内** 公序良俗について，大村敦志『公序良俗と契約正義』（1995 年，有斐閣）。クーリング・オフを"時間という名の後見人"とたとえる河上正二「『クーリング・オフ』についての一考察」法学 60 巻 6 号（1997 年）は，知的好奇心を誘う。私的自治の原則などについて，星野英一「契約思想・契約法の歴史と比較法」岩波講座『基本法学 4 契約』（1983 年）。山本敬三『民法講義 I 総則』（第 3 版，2011 年，有斐閣）252 頁注 1 とその対応本文は，内容を確定することができない契約の効力を考えるうえで参考になる。シンポジウム「消費者契約法の 10 年」私法 74 号（2012 年）は，文字通り消費者契約法の制定から 10 年を顧みての課題の整理である。

2 契約に基づく不動産の物権変動

1 物権変動の基本原則

朝倉家のマイホーム
の夢

文代さんの家では，家族で相談をしてマイホームを買うことにした。そこで，良い物件を探そうということになり，休みをとることのできる日曜日に家を見に行ったのが，きょうで 5 軒めである。これまでは家族の皆が一致して満足できる家に出会えなかったが，きょうの物件は，全員の賛成が得られた。そこで，これを買うことにし，不動産屋さんにあいだに入ってもらい，売主になる方と代金をいくらにするか，などの交渉をすることになった。そののち交渉がまとまり，不動産屋さんの事務所で契約書にサインをすることに

なったのが，9 月 14 日である。

売買契約に基づく
権利と義務

文代さんのお父さんが結んだ契約は売買契約であるから，これに基づいて売主は，建物の所有権を買主に移転する義務（財産権移転義務）を負い（言い換えると，買主は，所有権の移転を請求する権利を取得する），また買主は，代金を支払う義務を負う（すなわち売主は代金債権を取得する）。これらのことは，555 条に定められている。そして，財産権移転義務の一環として売主は，建物を引き渡す義務と，買主に所有権を移転する旨の登記の手続をする義務を負う。大事なことは，これらの売主の義務と，買主の義務とは同時に履行されるべきことが原則とされることである。このことの法律上の根拠は 533 条の定める**同時履行の抗弁権**であり，たとえば買主は，この権利に基づき，売主が建物引渡しの準備を調え，買主が受け取ろうとすれば受け取ることのできる状態になっていない限り，代金の支払を拒むことができる。もしそうでないと，代金を受け取った売主が登記の手続をしないまま，どこかへ行ってしまうとか，反対に所有権移転登記を受けた買主が代金を支払わないまま倒産する，といったことが起こる。

そこで実際にも，不動産の取引は，売主と買主，および取引の仲介をした不動産屋さんが一堂に会して行われるのが，ふつうである。不動産取引実務において "決済" とよばれるこの集まりを，とくに年配の不動産屋さんは，縁起をかつぎ大安の日に設定することも少なくない。この決済が完了すると，通常は直ちに，買主の所有権取得を確実にするた

め，買主へ所有権を移転する旨の登記が申請される。この登記の申請の手続は，ほとんどの場合において，売買契約当事者から委任を受けた司法書士が執り行う。したがって，決済には，司法書士が同席することが多い。その際に司法書士は，登記簿の記載内容の調査・確認を前提として，買主への所有権移転登記を申請するのに必要な書類が調っているかどうかをチェックし，当事者に登記の手続の意味を説明したうえで，まちがいなく契約当事者が登記を申請する意思を有していることを確認する。

ある大安の日の
できごと

朝倉家のマイホーム購入の"決済"も，その年の大安の日であった10月28日に，司法書士の人の同席を求めて行われることになった。そこではまず司法書士が，9月14日付の契約書の内容をチェックし，文代さんのお父さんと売主になる人の各本人が来ていること，そして，それぞれに買う意思・売る意思があること，さらに，売買の目的とされる不動産についての必要な事項を確認した。つぎに，司法書士から，直近の登記簿の内容の説明を受け，売主と買主が作成してきた書類を差し出してチェックを受ける。司法書士が，それらの準備により登記申請が可能である旨を告げるのを待って，買主から売主へ代金が支払われた。売主が金額にまちがいがないことを確かめたうえで，売主は，領収証を発行し，建物の鍵を買主に渡す。最後に，契約当事者が不動産の引渡しを確認する書面にサインをして，一連の決済のやりとりが終わった。

登記の申請と実行

不動産登記制度に基づく**登記簿**は，登記記録により編成される。登記記録とは，登記

図 3-1

みちのく市欧取町5丁目761-7　　　　　　　　　全部事項証明書　　　（土地）

表　題　部　（土地の表示）		調製	平成14年5月9日	不動産番号	0012304560789
地図番号	余　白	筆界特定	余　白		
所　　在	みちのく市欧取町五丁目			余　白	

①　地　番	②地　目	③　地　積　m²		原因及びその日付〔登記の日付〕
761番7	宅地	268	88	761番から分筆〔平成10年7月27日〕
余　白	余　白	122	32	③761番7、同番8に分筆〔平成11年11月29日〕
余　白	余　白	余　白		昭和63年法務省令第37号附則第2条第2項の規定により移記　平成14年5月9日

権　利　部　（甲　区）　（所　有　権　に　関　す　る　事　項）			
順位番号	登　記　の　目　的	受付年月日・受付番号	権　利　者　そ　の　他　の　事　項
1	所有権移転	平成11年12月17日第48634号	原因　平成11年12月17日売買　所有者　みちのく市欧取町五丁目7番21号　　　山　野　目　章　夫　順位2番の登記を移記
	余　白	余　白	昭和63年法務省令第37号附則第2条第2項の規定により移記　平成14年5月9日

権　利　部　（乙　区）　（所　有　権　以　外　の　権　利　に　関　す　る　事　項）			
順位番号	登　記　の　目　的	受付年月日・受付番号	権　利　者　そ　の　他　の　事　項
1	抵当権設定	平成11年12月17日第48635号	原因　平成11年12月17日金銭消費貸借同日設定　債権額　金4,000万円　利息　年2.60％（年365日日割計算）　損害金　年14.5％（年365日日割計算）　債務者　みちのく市欧取町五丁目7番21号　　　山　野　目　章　夫　抵当権者　徳川区御三家町七丁目3番3号　　　株式会社ミストラル銀行　　　（取扱店　欧取支店）

これは登記記録に記録されている事項の全部を証明した書面である。

令和2年3月27日　　　　　　　　　　　　登記官　　浦　島　太　郎　　　公印
東北法務局みちのく支局

*　下線のあるものは抹消事項であることを示す。　整理番号　D12345　（1／1）　　　1／1

をするために一筆の土地または一個の建物ごとに作成される電磁的記録である（不動産登記法2条5号）（→■不動産登記とコンピュータ）。このように，一筆の土地または一個の建物ごとに登記記録を調製するものとする基本原則のことを**物的編成主義**とよぶ。そこでは，一つ一つの不動産ごとに用意される登記記録において，どの不動産についての登記であるか（同法1条にいう「不動産の表示」），また，どのような権利関係が存するか（同じく「不動産に関する権利を公示する」こと）が記される。各別の不動産ごとに作成される登記記録のそれぞれにおいて，前者の役割を表題部が，後者の役割を権利部が担う。**表題部**は，表示に関する登記を記録する部分であり（同法2条7号），ここには不動産の表示に関する登記がなされる（同条3号）。具体的に不動産の表示とは，土地についての地番・地目・地積など（同法34条1項），建物についての家屋番号ならびに建物の種類，構造および床面積など（同法44条1項）である。これに対し**権利部**は，権利に関する登記が記録される部分である（同法2条8号）。具体的には，所有権はもとより，地上権や賃借権のような用益的な権利，さらに抵当権など担保権の登記がなされる（同法2条4号・3条）。

こうして行われる登記のうち，表示に関する登記は，登記官が職権で行うことができる（同法28条）。これに対し，権利に関する登記は申請を待って実行されることが原則であり（同法16条1項），その申請は，「登記権利者及び登記義務者」が共同でしなければならない（同法60条）。売買契約でいえば，登記義務者である売主と，登記権利者である買主との共同で申請をする（実際には，契約当事者本人ではなく，司法書士が申請の事務をすることが多いが，これは，司法書士が当事者を代理して申請をするのであり，そのような仕方で共同の申請がなされるのである）。この**共同申請の原則**には，不動産登記法63

条が定める二つの例外がある。まず，売主が任意に登記手続に協力しない場合に，買主は，売主を被告とする訴訟を提起し，売主に対し所有権移転登記手続を命ずる判決を得て，これを提出することにより単独で登記（判決による登記）を申請することができる（民事執行法174条参照）。また，YがXを相続したことを原因としてなすXからYへの所有権移転登記は，登記義務者のXが死亡しているから共同申請が不可能であり，Yは，相続を証する情報を提供して単独で登記申請をなしうる。

意思主義と形式主義 | 売買契約などに基づく所有権移転を民法の規定のうえでとらえるときに，考察の核心に位置するのが，176条の規定である。同条は，所有権の移転は「当事者の意思表示のみによって」生ずると定める。「当事者の意思表示」とは，売買に基づく所有権の移転の場合でいえば，売買契約そのもの（つまり，売主の"売ろう"という意思表示と，買主の"買おう"という意思表示）を指す。そして，176条の「のみによって」という文言は，このようなものとしての意思表示を所有権移転の唯一の原因とすることが可能である，という考え方を提示している。唯一の原因である，ということは，所有権移転が生ずるためには，法律上，意思表示のほかには，何も求められない，ということを意味し，このような仕組みは**意思主義**とよばれる。外国の立法例のなかには，意思主義のほかに，登記など何らかの手続を経ることを所有権移転の効力要件として要求するものがあり，これを**形式主義**という。

売買契約に基づいて所有者が売主から買主
へと交替する時期をいつとするかは，まず
何よりも，当事者が契約において定めたと
ころに従う。当事者が何も定めない場合の取扱いをどうすべきか，
については，大きく分けて三つの立場がある。

(1) 第一説＝売買契約が成立した時であるとする見解

(2) 第二説＝代金支払・引渡し・移転登記のいずれかがあった
時であるとする見解

(3) 第三説＝所有権移転時期を一点に画定する必要はないとす
る見解

第一説は，176条が所有権移転の原因のみならず時期の問題をも
扱うという理解から導かれる解釈である。これに対しては，代金支
払や引渡しなどがないのに所有権が買主に移転したことになるのは
妥当でないとする批判がなされている。第二説は，売買契約の有償
性を強調することを基本として唱えられる見解であり，何よりも代
金の支払があったならば所有権が移転するとしつつ，代金支払と同
時履行関係（533条参照）に立つ引渡しや移転登記があったことによ
っても所有権が移転することを認める。そこでは，代金の支払が一
部にとどまる場合や，占有改定（のちに **3②** に登場する）による引渡
ないし**仮登記**（→◆仮登記）があったにとどまる場合の取扱いなど
に微妙な問題が残る。第三説は，売主または買主のいずれかと取引
関係に立つ第三者とのあいだでは登記の所在を基準にして法律関係
が処理され，また，両者間の内部関係は契約法上の諸規定（533条・
575条など）により問題が解決されるから，結局，ある時点で売主・
買主のいずれが所有者であるかを画一的に決める必要はないとする。
しかし，これには，所有権移転時期を定めることを前提に成り立っ

2 契約に基づく不動産の物権変動　　119

ている現行法の体系（たとえば民事執行法79条）と整合するか疑わしいという問題がある。判例は，「特に……所有権の移転が将来なされるべき約旨に出たものでないかぎり」第一説によるべきものとする（最判昭和33年6月20日民集12巻10号1585頁）が，不動産の取引慣行上は代金完済時に所有権が移転する旨の特約をすることが多い。

◆仮 登 記　AとBとのあいだでは，Aの有する土地をBに売る旨の契約が成立し，あわせて次の三つのことを特約した。代金は6月9日と9月9日に半額ずつ支払う。土地の引渡しは9月9日に行う。所有権の移転時期は代金完済の時とする，というものである。このような場合に，約定の通り6月9日に代金の半額を支払ったBは，Aが二重譲渡をするかもしれない危険に対し法律上どのように対処すればよいか。まだBは所有者となっていないから，所有権移転の登記（本登記）をすることはできない。しかし，Bは，Aに対して有している所有権移転請求権を保全するために仮登記をなすことはできる（不動産登記法105条2号）。登記官は，のちにBが代金を完済して本登記を申請してきたときは，すでになされていた仮登記に基づく登記であることが明らかになるように記録をして，その本登記を実行する（同法106条括弧書参照）。このようにして実行された仮登記は，順位を保全する効力を有する。Bのための仮登記がなされていれば，そのあとでAがCへの二重譲渡をなし，Cへの所有権移転登記をしても，後日にBが本登記を経由しさえすれば，Bの本登記の「順位は……仮登記の順位による」ものとされる（同法106条）から，Bは，その所有権取得をCに対抗することができる。なお，Bは，本登記を申請する際，Cの承諾を証する情報またはCに承諾を命ずる判決を添附すべきであり，また登記官は，Bのための本登記を実行するのと同時にCのための登記を抹消するものとされる（同法109条）。

Aが土地を所有している。時価は，およそ1億円である。Aは，この土地をBに売ることにした。A・B間に土地の売買契約が成立したのである。代金をいくらにするかは，私的自治の原則のもとでは，当事者の自由であるが，ここでは簡単に，ちょうど1億円と決めたとしよう。契約に基づいてBから1億円を受け取ったAは，今度はCに対し，なにくわぬ顔で，同じ土地を買うことをもちかけた。

図3-2

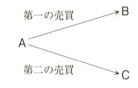

ポーカー・フェイスの上手な人でないと，こういうことは，できませんね。なぜならば，A・B間の経緯にCが気づいてしまったら，A・C間の取引は，おそらく成立しない。ここでのAは，まんまとCをその気にさせ，こちらからも1億円を受け取ったとしよう。ここまで話が進んだとして，さて，土地は誰の物になるか。民法には，一つの物の上には一つの所有権のみが存在する，という原則があり，これを**一物一権主義**という。BとCが仲良く二人で土地の所有者になるということは，したがって考えられない。そうであるとすると，BとCのうちいずれか一方は，代金を支払ったにもかかわらず，土地の所有者になることができないこととなる。では，どちらが所有者になるか，は，どのようなルールにより決まるか。

　しかし，その話に進むまえに確かめておきたいことが二つある。第一は，ここでAのしたことは，いけないことである，ということである。時価1億円の物で2億円を手にしようとするのは，心得違いも甚だしい。Aの行為は犯罪（刑法252条）を構成する。しかし，

いま勉強しているのは民法であるから，処罰の問題には，これ以上は立ち入らないこととしよう。第二に，このようにして刑事責任を追及されるおそれのあるAは，おそらく逃げてしまうであろうし，お金を途中で費消する可能性も高いから，支払った代金は，まず戻らない。BとCのうち所有権を取得できなかったほうの者は，法律上，Aに対し代金相当額の損害賠償を請求できる（415条2項1号）が，この請求をしても，実際には取立てに成功する可能性は小さい。そうであるからこそ，いずれが所有者になるか，のルールが重要な意味をもつ。

| 公示の原則 |

所有権の移転や地上権の設定などの物権の取得・喪失・変更を総称して，**物権変動**という。そして，公示を伴っていない物権変動は，第三者において，その存在を否定することができるとする原則を**公示の原則**とよぶ。Aを売主，Bを買主とする不動産の売買契約があった場合でも，いまだ登記がなされていなければ，A・B間の物権変動を第三者は存在しないものとみなすことができる。このような公示の原則を具体的な法律関係に即して説明する際の論理の組み立て方は，形式主義と意思主義のいずれをとるかで，やや異なる。形式主義の下では，登記がなされなければ，A・B間の物権変動は，そもそも存在しないのであり（ここでは登記は物権変動の効力要件である），これを第三者が無視できるのは当然である。これに対し，日本の民法が採用した意思主義の考え方を前提とするならば，AからBへの所有権移転の事実は，たしかに存在はしており（176条。したがって，BはAに対し自分が既に所有者である旨を主張できる），ただし，この事実を「第三者に対抗する」（177条）ためには登記を経由していなければ

ならない。したがって，登記は物権変動の**対抗要件**である。Aの所有する不動産が，一方ではBへ，他方ではCへと譲渡された場合に，仮にAからCへの所有権移転登記がなされた場合には，Cは，自分の所有権取得をBに対し対抗することができる（この場合において，Bが自分への所有権移転登記を申請しようとしても，不動産登記法25条7号により申請は却下されることとなるから，結局においてBは，Cに対し自分の所有権取得を対抗することができない）。177条は，このようにしてBとCとの優劣を基本的には登記の先後により決めることとし，また，その前提として上記のような二重譲渡が論理的に可能であることをも明らかにしていると考えられる。一物一権主義の原則に忠実に考えるならば，AからBへの所有権移転があった時点で無権利者となったAが，重ねてCへ譲渡をなすことは，論理的に不可能であるようにもみえるが，ここでは法律の規定により，この原則に対する例外が作られている。

困った話その2
——地面師暗躍

"師"には先生という意味のほかに，特殊な技能をもった人という意味がある。技能には良いものも悪いものもある。詐欺師などというのは悪いほうであり，地面師もこれと同じである。法律を悪用して土地を横取りする困った技能をもった人をいう。Xの所有する土地が，はじめはXの名義で登記がなされていたが，そののちYが，登記に必要なデータを偽造してXからYへの所有権移転登記を了したと

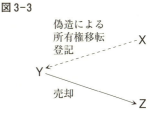

図3-3

偽造による
所有権移転
登記

しよう。この Y が，地面師である（読書案内）。登記により Y を正当な所有者であると信頼して Y から土地を買い受けた Z がいるとき，X・Z のいずれを保護すべきか。善意で代金を支払ったのに所有権を取得できない Z も気の毒であるが，登記偽造の被害者である X の立場も考えなければならない。登記の通りの物権変動があるとする信頼が保護されるときに，登記は公信力を有するという。不動産登記に公信力があるか否かについては，民法には明文の規定がない。一般に公信力はない，と解されている。それは，上の例でいうと，X の知らないうちに，X が所有権を失うという結果は重大であり，そのような重大な結果は，明文の規定がない限り認められるべきでない，ということに基づく。

|民法 94 条 2 項の 類推解釈**| 177 条の定める対抗要件主義によって，登記されていない物権変動は存在しないものとして扱うことができるから，これにより，|

いわば登記に対する消極的信頼が保護される。これに対し，登記の公信力が否定されるために，登記の通り物権変動が存在することへの積極的信頼は保護されないこととなる。ただし，積極的信頼の保護が常に否定されてよいかは，やや問題である。X が，偽造書類な

＊法律学においては，善意・悪意という言葉を事実認識の有無を示すために用いる。ある事実を知らないことが善意であり，知っていることが悪意である（770 条 1 項 2 号・814 条 1 項 1 号の悪意は例外であり，認識ではなく，意志を問題とする用法である）。

＊＊類推解釈（類推適用）とは，ある事項について法律の規定がない場合（法の欠缺）に，その事項とのあいだに本質的類似性（類推の基礎）をもつ事項を扱う規定を推し及ぼして適用することにより，規範内容を明らかにする論理操作である。

どによる Y への移転登記に気づいたのち長年月これを放置していたといったようなときには，Y 名義の登記を信頼して Y から不動産を買い受けた Z が保護されるべきであろう。X・Y 間に虚偽表示に当たる法律行為があったわけではなく，不実の登記の作出に X が積極的に関与したものでもないが，虚偽の外形の存続を阻止できたはずの X がそれをしなかった点では，虚偽表示の場面と類似の帰責性がある。このように真実の権利者に帰責性が認められる場合には，**94 条 2 項の類推適用**の法理により第三者の保護を図ることが考えられる（最判昭和 45 年 9 月 22 日民集 24 巻 10 号 1424 頁の事件では 4 年余のあいだ不実登記を放置していた事案で 94 条 2 項の類推適用が肯定された）。

② 民法 177 条の第三者

制限説と無制限説　登記をしなければ不動産所有権の取得を第三者に対抗することができないとするのが 177 条であるが，同条にいう「第三者」の概念をめぐっては，二つの考え方がありうる。所有権移転の当事者ではない者はすべてこれを第三者に当たるとみる考え方（無制限説）と，そうではなく一定の限定があるとする考え方（制限説）の二つであるが，制限説が妥当である。たとえば，A を売主，B を買主とする売買契約において，無制限説をとると，A・B 以外の者はすべて 177 条にいう第三者であるということになるが，それでは，たとえば，目的不動産を不法に占拠していて，かつ，偽造書類による A から自分への移転登記をなした C に対し，B は，所有権に基づく明渡請求をなしえないことになり，この結果は，不当であると考えられる。

第三者の範囲を
制限する基準

制限説をとる際に，どのような指標をもって「第三者」の範囲を制限するか，については，著名な大審院の判決がある。その判例は，177条の「第三者」とは，「当事者若クハ其包括承継人ニ非スシテ不動産ニ関スル物権ノ得喪及ヒ変更ノ登記欠缺ヲ主張スル正当ノ利益ヲ有スル者ヲ指称ス」るとした（明治41年12月15日の判決。包括承継人は，権利義務の全部を承継する人をいい，たとえば相続人が，これに当たる）。この判決の提示する第三者制限の具体的定式を前提とする際に，常に問題となるのは，《登記不存在を主張する正当の利益》を有するとは，どのような場合か，ということである。そして，この問題は，一方において，第三者とされる可能性のある者が客観的にみて，目的不動産につき，どのような態様の法律関係を有する者であるか，という観点（第三者の客観的要件）と，他方において第三者たりうべき者の主観的容態という観点（第三者の主観的要件）の両方から考察される。

第三者の客観的基準

第三者たりうべき者の客観的要件をどのような指標で定式化するか，という課題については，主要な考え方としては，物的支配を争い合う者どうしを互いに第三者とみる考え方と，目的不動産について正当な取引関係に立つ者を第三者とする考え方の二つがある。後述するように，目的不動産を差し押えた者などをも「第三者」に当たると解すべきであるが，これを「取引関係」に立つ者と言うことには，一般には無理があるであろう。前者の見解を採用したうえで，そこにいう「物的支配」という概念の意味を場面ごとに明確なものにする，というゆきかたが適当であると思われる。

| 物権取得者 | 物権を取得した者は，疑いなく 177 条の第三者である。A から B へ土地を売る契約 |

が成立したが，その旨の所有権移転登記を経由しないでいる場合において，A から所有権を重ねて譲り受けた C に対しては，B は，自分の所有権取得を対抗することはできない。また同様に，A から地上権（265 条）の設定を受けた D に対しても，登記を経ていない B は，自分の所有権を対抗することができない。

| 不動産賃借人 | 不動産の賃借人が第三者であるか，という問題は，局面を二つに分けて考えなければ |

ならない。

第一の局面　不動産賃借権それ自体の対抗の許否が問題となる局面においては，不動産賃借人は，第三者として扱われる。A は，一方で B に土地を売ったが，他方で C に土地を宅地として貸したという場合に，B の所有権取得と，C の借地権取得のいずれが優先するかは，B への所有権移転登記と，C のための賃借権設定登記（605 条）または C による借地借家法 10 条所定の対抗要件具備のいずれが早いかにより定まる。もし仮に後者のほうが早い場合は，B は，所有権を取得するものの，C の有する借地権の負担を負わなければならない立場に置かれる。

第二の局面　不動産賃借権を対抗できる場合に，そのことを前提として，所有者が賃貸借契約関係に基づく権利行使をなしうるか，という問題は，本来の意味における対抗問題ではない。土地に関する物的支配が争われている場面ではなく，賃借権の存在を認めたうえで，賃貸人としての権利行使をなすのに登記が必要かどうかが問題とされているからである。上の例で，C が，その借地権を B に

図 3-4

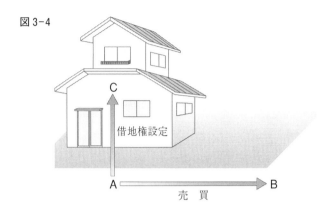

C

借地権設定

A ────────────▶ B
　　　　売　買

対抗できる場合に，BがCに賃料を請求したり解約を申し入れた
りするのには登記を経由していることが必要であるとされる（605
条の 2 第 3 項）。けれども，そこで問題となっている登記は，厳密に
言えば，対抗要件としての登記ではなく，所有者であり賃貸人であ
る資格を主張することができるための要件（**権利保護資格要件**という
言葉が用いられる）としての登記であると考えられる。

|一般債権者|　　　　　　　AからBへ土地が売られたが，いまだ移
転登記がなされないうちに，Aに対し金
銭債権を有するXが，土地に対し差押え（民事執行法 22 条・45 条）
または仮差押え（民事保全法 20 条・47 条）をなした，という場合の
法律関係については，つぎの二つの考え方が成立可能であり，論議
の余地がなくはないが，一般には，Xを 177 条の第三者とみる第一
説で問題が処理されている。この第一説に従うならば，債権者は，
一般債権者であるというのみでは第三者として扱われないが，差押
えをした債権者（差押債権者という）は，第三者に当たる。

（1）第一説　　登記を経由していないBは，Xに所有権取得を

対抗することができず，したがって，Xは，有効に差押えまたは仮差押えの手続を追行することができる。

(2) 第二説　Bは，登記を経由していなくても，所有権取得をXに対抗でき，したがって，強制執行を妨げるための訴え，つまり第三者異議の訴え（民事執行法38条）を提起することができる。ただし，Bが第三者異議の訴えを提起しないでいるうちに買受人のYが出現して移転登記（同法82条1項1号）を経由するときは，もはやBは，所有権を保持できる可能性を失う。

無権利者

真実はAの所有に属する土地について，Mを所有者とする不実の登記がなされている場合において，Aから土地を譲り受けたBは，所有権の登記を経ないでも，無権利者であるMに対し，自分の所有権取得を対抗することができる。M名義の登記を信じてMとのあいだで土地の売買契約を成立させたNに対しても同様である（このようなNが保護されないことこそが，登記に公信力がない，ということの帰結である）。

転々譲渡の際の前々主

物権変動の当事者のあいだでは，対抗問題が生じない。同じことを，物権変動における前主と後主とのあいだでは，互いに他を第三者として扱うことはしない，というふうに言うこともある。また，所有権がAからBへ，そしてさらにBからCへ移転した場合に，A・B間およびB・C間に対抗問題が生じないのみならず，AとCとのあいだにも対抗問題は生じない。すなわち，CからみてAは，第三者ではない。CからみてBは第三者ではなく，そのうえ，BからみてAは第三者ではないからである。

第三者の主観的要件177条の第三者が主観的容態において如何なる要件を充足する者でなければならないか，について，判例は，「物権変動があった事実を知る」ということに加えて「右物権変動についての登記の欠缺を主張することが信義に反するものと認められる」ような者，すなわち**背信的悪意者**が第三者から除かれる（最判昭和43年8月2日民集22巻8号1571頁）とする（背信的悪意者排除説）。背信的悪意者の典型とされるのは，他人の登記申請を詐欺・強迫により妨げた者や，他人のために登記申請の義務を負う者（不動産登記法5条）であるが，これらに限られない。学説においては，先行する物権変動があった事実を知っている者は（そのことのみによって）第三者の概念から除かれるとする見解（単純悪意者排除説）も，有力に唱えられている。判例が単純悪意者排除説をとらない理由は，まず，法文の文言上177条は善意と悪意を区別していないから，単純悪意者排除説は文理に親しまないということ，および実質論として，自由競争の理念を表現した規定であると理解される177条の運用としては，たとえ悪意であっても早く登記をした者が勝つとするべきである，ということにあると考えられている。

③ 契約の取消し・解除と民法177条

取消しと登記物権の変動を生じさせた法律行為が取り消された場合に，物権変動が生じなかったことを第三者に主張するためには，物権の公示方法について，どのような措置をとることが要件であるとされるべきか。

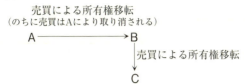

図 3-5
売買による所有権移転
（のちに売買はAにより取り消される）
A ─────────→ B
　　　　　　　　│売買による所有権移転
　　　　　　　　↓
　　　　　　　　C

　AとBとのあいだで，Aの所有する不動産をBに売る旨の契約
が成立し，その旨の所有権移転登記も経由した，という場合におい
て，Bから当該不動産を買ったCがいるときには，Bとのあいだ
の売買契約を取り消したAは，Cに対し，所有権の自分への復帰
を主張するためには，Bへの所有権移転登記を抹消して登記名義を
回復していることを要するか。考え方は，大きく整理すると二つあ
りうる。一つは，AからBへの所有権移転は遡及的に生じなかっ
たことになり（121条），Cは，無権利者であるBから所有権を譲り
受けた者であるから無権利者であり，Aが，Cに対して所有権の保
持を主張するために登記名義を回復していることは必要でないと考
える見解であり（無権利説），もう一つは，取消しによるBからA
への所有権の回復（**復帰的物権変動**）とBからCへの所有権移転と
を二重譲渡と同様にみることにより，Aは，登記名義を回復する
のでなければ，Cに対し復帰的物権変動を対抗できない，とする見
解（対抗問題説）である。

　　　　　　　　　　　　　判例は，大審院のものであるから古い判例
　　　判例の考え方　　　　であるが，Aが取消しの意思表示をなし
たのちにCが土地をBから買い受けた，という場合については，

177 条を適用して問題を解決するという解釈を示す（昭和 17 年 9 月 30 日の判決，大審院民事判例集 21 巻 911 頁）。このような解釈に対しては，学説から，つぎのような三つの問題点が指摘されている。

　［第一］C の出現が A による取消しの意思表示の前である場合に，95 条 4 項・96 条 3 項・消費者契約法 4 条 6 項による第三者保護が働く詐欺による取消しの場合を除き，C の保護される可能性が一切否定されるのであるとすれば，それは不当である。

　［第二］A が取消しの意思表示をなした事実を知って B から土地を買い受け，移転登記を経由した C が所有権を保持できる結果となることは，不当である。

　［第三］B から A への復帰的物権変動と，B から C への所有権移転とが対抗関係に立つと考える際の，前者の復帰的物権変動を考えることは，121 条の定める遡及効と整合しない疑いがある。

対抗問題説と無権利説　判例理論がもつ問題点を克服するために学説においては，だいたいにおいて二つの方向の見解が唱えられている。論者によって細部はかなり異なるが，学説の主張するところを要約して示すならば，おおむね次のようなものになる。

　対抗問題説　　第三者が出現した時が取消しの前後いずれであるかを問わず，第三者との関係は常に対抗問題として処理され（判例理論の問題点の［第一］の克服），ただし，取消原因の存在または取消しの意思表示があった事実を知る第三者は背信的悪意者として扱われることを原則とする（同じく［第二］の克服）。なお，121 条の定める遡及効は，177 条所定の第三者が出現する可能性という法定の制限の附いたものであると理解する（［第三］の批判への回答）。

無権利説　121条の遡及効は貫かれるべきであり（判例理論に対する［第三］の批判はむしろ無権利説から発せられた），その結果として問題となる第三者保護は，95条4項などの適用がある場面を除いては，取消しの前後を問わず94条2項の類推適用により図られる（判例理論の［第一］は問題とならない）。95条4項や94条2項の法文が第三者の善意を必要としていることが，この際，重要な意味をもつ（同じく［第二］も問題とならない）。

　なお，Aによる追認が可能となる時（124条）よりも前にCが出現した場合については，両説ともに特別の配慮をする。対抗問題説は177条を適用する基礎に欠けると言い，無権利説は94条2項類推の前提である帰責事由を否定する。

解除と登記

同じ例でA・B間に解除事由がある場合は，どう考えるべきであろうか。Bの代金不払を理由とするAによる解除（541条）を例に考えよう。Aが解除の意思表示（540条）をなすより前にCがBより土地を買い受けて移転登記を了した場合は，Aは，Cから所有権を回復することはできない（545条1項ただし書）。これに対しCが解除後に出現した場合は，AとCとの関係は対抗問題になるとするのが判例の見解である（最判昭和35年11月29日民集14巻13号2869頁）。

解除の法的構成との
関係

契約の解除なるものが契約を遡及的に消滅させるものである（1④　契約の解除）で学んだ**直接効果説**）と考えるならば，BからAへの復帰的物権変動を考えることには問題がある。むしろ，Cが解除後に現れた場合は，判例と異なり94条2項の類推適用によりCの

保護を図り，また解除前に現れた C が 545 条 1 項ただし書の適用を受けるため経ていなければならないとされる登記は，対抗要件としてのそれではなく，権利保護資格要件としての登記であることになるであろう。これに対し，解除の効果を契約の遡及的消滅ではなく原状回復義務（545 条 1 項本文）に見出す間接効果説とよばれる考え方などにおいては，解除の前後を通じ問題は対抗問題として処理され，545 条 1 項ただし書は，そのことを特に解除前について念押ししたにすぎないという理解を与えられる。

■ **不動産登記とコンピュータ** ∿∿∿∿∿∿∿∿∿∿∿∿∿∿∿∿∿∿∿∿∿∿∿∿∿∿∿∿∿∿∿

　人類の長い歴史のなかで，ここ数千年は，思考成果を紙に記録するということが，文明を支えてきました。皆さんが，手に取っているこの本も，そうです。しかし，いま私たちは，思考成果の電子データによる保存が広く行われる新しい時代になっています。不動産の登記簿も，紙をもって調製することが基本でした。"簿"は，もとはと言えば「ものを書くために，何枚かの紙を綴じ合わせたもの」を意味する漢字です（大辞林）。しかし，2004 年に全面改正された不動産登記法においては，それまであった「登記用紙」という言葉が消え，電子情報処理組織により登記記録を作成することが本則とされました。実際にも，同法附則 3 条が定める法務大臣告示による指定が順次にされて電磁化が進められ，2008 年には，用紙からデータへの移行が完成しています。また，すでに 2000 年からは，手数料の支払方法などの問題がありますから，若干の手続が必要ですが，登記所に出向いてゆかなくても，オンラインで登記簿の情報を閲覧することができるようになっていました。そしてさらに，不動産登記法の附則 6 条の告示による指定も全国の登記所についてされ，登記の申請がオンラインですることができるようになっています。

　📖 **読書案内**　地面師のエピソードは本当にあった話である。下森定「民法案内／民法ってなに？」法学教室 104 号（1989 年）6 頁以

下に紹介がある。鎌田薫『民法ノート／物権法1』（第3版, 2007年, 日本評論社）25-26頁は, なるほどと納得させる比喩を交えて公示と公信の区別を明快に説明する。

3 契約に基づく動産の物権変動

1 動産に関する物権変動

動産とは

有体物（85条）のなかで, 不動産ではない物が動産である（86条2項）。土地と, 土地の定着物が不動産である（86条1項）から, これらのいずれでもない物が動産である。私たちが手にする筆記用具, 机, テーブル, 衣類や宝石は, すべて動産である。その種類は, きわめて多様であり, 個性に富む。したがって一概にいうことはできないが, 一般には, 不動産に比べ, 大量に, かつ, 頻繁に取引の対象とされるという特色がある。

動産物権変動の公示方法

取引の対象としての動産の特色を考慮するならば, 動産は, 不動産における登記のような方法で物権変動を公示することには, なじまない。たとえば文房具や家具の一個一個について登記記録を用意することには, 著しい困難が伴う。そこで, 動産については, 原則として, 登記ではなく, **引渡し**があることをもって物権変動を公示する。もっとも動産のなかにも例外的には, 登記のような観念的な公示の仕組みが可能であり, また, 必要であるものがある。

たとえば船舶は登記の対象となり（商法687条），また，自動車と航空機は登録により所有権移転などが公示される（道路運送車両法5条1項，航空法3条の3）。これらの場面においては，もっぱら登記・登録が物権変動の公示方法である。

　また，法人がする動産の譲渡については，それを引渡しにより公示する可能性があることはもちろん，くわえて，動産譲渡登記（動産及び債権の譲渡の対抗要件に関する民法の特例等に関する法律7条）をした場合には，「民法第178条の引渡しがあったものとみなす」ものとされる（同法3条1項）。この制度は，おもに動産の譲渡担保の対抗要件具備を容易にする効用を期待されている（→第5章 ⑤ 集合動産譲渡担保）。

◆**自動車の売買**　動産の取引は，商品の種類ごとの個性に富む。自動車についても，特殊な問題がある。まず，自動車は，登録により権利関係を公示することになっており，178条が適用されない。では，192条は，どうか。判例は，既に登録を受けている自動車については，即時取得が働く余地はないとする（最判昭和62年4月24日判例時報1243号24頁）。また，自動車の出荷にあたっては，しばしば所有権留保が用いられる。Aが製造した自動車を販売業者のBに売り渡すに当たり，AはBが代金を完済するまで自分に所有権をとどめおく旨の約定がなされる。では，AがBからの代金完済を受けないうちに，Cが自家用にBから自動車を買い，そのあとBが倒産した場合に，Aは，Cに対し自動車の引渡しを請求することができるか。所有者はAであり，したがってAは物権的返還請求権を行使できるというのが，形式論理から得られる帰結である。しかし，それでは人々が安心して自動車を買うことができなくなる。また，Aは，販路拡大のため一定限度でBに転売を許容

していたはずである。そこで判例は，引渡請求が権利濫用になることがありうるとする（最判昭和50年2月28日民集29巻2号193頁）。

動産の物権変動の原因　動産についての物権変動も，不動産の場合と同じように，契約などの法律行為を原因として生ずることもあれば，時効取得や相続のように，法律行為でない原因により生ずることもある。また，契約による場合でも，原因となる契約には，売買のほかに交換や贈与などがある。これからあとは，Aの営む画廊を訪ねたBが絵を買うという場面を想定しよう。Aを売主とし，Bを買主とし，絵を目的物とする売買契約が成立すると，BはAに代金を支払う義務を負い，AはBへ絵の所有権を移転する義務を負う（555条）。このAの所有権移転義務の一環としてAはBへの引渡しをしなければならず（不動産と異なり登記の制度がないから移転登記の義務は考えられない），その引渡しは，同時に第三者に対しAからBへの所有権移転を公示する意味をもつ。

② 動産をめぐる対抗問題

対抗問題ということの意味　対抗問題とはどのような問題か，ということは，基本的には不動産の場合と変わらない。同一の動産を目的として両立しない物権の移転が生じた場合の優劣の決定が，その典型である。Aが営む画廊を訪ねたBが，そこで見つけた絵が気に入り，それを買うことにしてAに代金を支払ったあとで，やはり画廊を訪ねたCが同じ絵を買うことにしてAに代金を支払った，というような場合に，Bは，Cに対しAからの所有権取得を主張できるか。すなわち，

ＢとＣとのあいだにおいて，所有権の所在がどのようにして確定されるか，ということが対抗問題のルールにより決定される。

| 対抗問題の考え方 |

動産をめぐる対抗問題も，公示の原則に従って解決される。民法が用意する仕組みとしては，178 条の定める対抗要件主義がこれに当たる。同条によると，Ａから動産を買い受けたＢとＣは，「動産の引渡しがなければ」互いに相手に対し，自分の所有権取得を主張できない。簡単にいえば，先に引渡しを受けたほうが勝つのが原則である。不動産の場合には，177 条により登記を先に得たほうが勝つのが原則であるとされたのと似ている。

| 「引渡し」の四つの態様 |

178 条の「引渡し」には，日常的な意味でいう，手から手に渡すという仕方での引渡し（これを現実の引渡しといい，182 条 1 項が定めている）のほかに，三つの態様のものを含む。三つとは，簡易の引渡し・指図による占有移転・占有改定である。

| 簡易の引渡し |

画廊を訪ねたＢが，はじめのうちは，絵を（買うのでなく）借りて自宅で 1 週間ほど鑑賞したいと申し入れ，これを承諾したＡがＢに絵を引き渡したとしよう。のちに絵を気に入ったＢが買うことにした場合，対抗要件としての引渡しに現実の引渡ししか方法がないとすると，いったんＢがＡに返し，そのうえでＡがＢに渡す（戻す）という無意味なやりとりをしなければならない。そこで，このような場合には，絵はＢの下に置いたままにしておいて，ＡとＢとのあいだの

「意思表示のみによって」引渡しをすることが許される（182条2項）。これを**簡易の引渡し**という。

指図による占有移転　同じような理由から，絵がXの倉庫に預けられている場合には，Xの下に置かれているままの状態で絵の占有移転をすることが可能である。具体的には，AがXに対し，これからあとはBのために占有してほしい旨を指示し，このことをBが承諾するときは，Bへの引渡しがあったものとされる。「第三者のために……占有することを命じ」てなされる（184条）から，**指図による占有移転**とよばれる。

占有改定　画廊を訪ねて絵を買い代金を支払ったBが，Aに対し「今日はこれから用事があり，荷物になるから絵を持ち帰ることはできない。明日，もう一度くるので預かってくれ」と申し入れ，Aが承諾したという場合は，これによりAからBへの引渡しがあったことになり（183条），これを**占有改定**という。目的物が前所有者であるAの下にとどまったままであり，これをもって物権変動の公示があったというには，問題がありそうにもみえる。こうした方法を引渡しの一態様として認める理由としては，それをいけないと言ってみても，画廊のなかで一度はAがBへ現実の引渡しをし，直ちにBがAに預けるということが行われた場合も外見上変わりがないことは同じであるから，占有改定をいけないということは，実質的なメリットに欠ける，ということが，いわれている。

178 条は，動産に関する物権の譲渡は引渡
しをしないと「第三者」に対抗できないと
する。ここにいう「第三者」の意味は，177 条における場合と同じ
である。177 条において「第三者」の意味を，《物的支配を争う者》
と考えるのであれば，178 条についても同じように考えることにな
る。《目的物について有効な取引関係に立つ者》ととらえるのであ
れば，178 条の「第三者」も同様に捉えられる。いずれの考え方を
とっても争いがないのは，同一動産の二重譲渡があった場合の譲受
人相互にあっては，一方からみて他方は「第三者」に当たるという
ことである。たとえば A が所有する動産が一方では B へ，他方で
は C へ譲渡された場合に，B と C のうち引渡しを受けたほうが自
分の所有権取得を他方に対し主張できる。同じように A が X に貸
していたり，あるいは預けていたりする動産を，そのままの状態で，
一方では B へ，他方では C へ譲渡した場合，B と C とは，いずれ
か指図による占有移転を経たほうが，他方に優先する。他人に物を
預かってもらう契約を寄託といい（657 条），預かる側の当事者を**受
寄者**という。

> A は，その所有する動産を X に賃貸している。この動産を A が B に
> 譲渡した場合，いまだ指図による占有移転がなされていない段階で，い
> きなり B が X に引渡しを請求することは許されるか。

　もしも賃借人が第三者に含まれないとするならば，B は，指図に
よる占有移転を経なくても，X に対し所有権の取得を主張でき，し
たがって，返還を請求できることになる。しかし，判例は，指図に

よる占有移転を要すると
している。物を誰に返還
すべきかはXにとって
重要な問題であり，Bは
きちんと対抗要件を具え
たうえでXに対し引渡

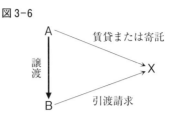

図 3-6

A
賃貸または寄託
譲渡
X
B
引渡請求

しを請求すべきであるからである。この結論を導くための理論構成
としては，《有効な取引関係に立つ者》を第三者とみる見解の下で
は，まさにXは動産の賃貸借という取引関係に立つ者であるから，
第三者に当たると説明される。これに対し《物的支配を争う者》と
いう基準で考えると，BとXとは，物的支配を争う関係にないから，
対抗要件ではない別の理論構成が必要になる。Xは，誰に返すべき
かはともかく，とにかく誰かには動産を返さなければならない立場
の者である。したがって，そのようなXに対し返還を請求するの
に指図による占有移転を経ていなければならないとすると，それは，
対抗要件としてではなく，返還請求権を行使できる資格を明らかに
する意味で（すなわち権利保護資格要件として）求められるのである
と考えられる。

Aは，その所有する動産をXに寄託している。この動産をAがBに
譲渡した場合，Bが，指図による占有移転を受けないでXに引渡しを
請求することはできるか。

判例はこの場合には，Bは指図による占有移転を経ないでXに
対する返還請求ができるとする（最判昭和29年8月31日民集8巻8号

1567頁）。すなわち，受寄者は178条の「第三者」に含まれないとするのが判例である。しかし多くの学説は，賃借人の場合と異なる扱いをする理由がないと批判している。判例が受寄者の保護に消極的であるのは，受寄者が「いつでも……返還を」する義務を負っている（662条1項）からであると思われるが，662条1項は，返還の請求が可能な時期を定める規定であって，返還請求をなしうる者の資格を定める規定ではない。ここでのBも，指図による占有移転を受けて初めてXに対し返還を請求できるという解釈のほうが妥当であると考えられる。

　なお，かりに判例の解釈を採る際にも，Bから引渡請求を受けたXがAに照会するなどしてBが真実の所有者であるかを確かめるまでのあいだの相当の期間は，Bへの引渡しを暫時拒むことがあったとしても，それは，Bに対する不法行為とはならないものと考えるべきである（動産及び債権の譲渡の対抗要件に関する民法の特例等に関する法律3条2項は，直接にはAに対する損害賠償責任を問題とするものであるが，Bが動産譲渡登記により対抗要件を具備した場合について，このことをも指示する趣旨に解される）。

③　即時取得

どのような制度か

　　　　　　　　　ある人からある人へ動産を売り渡す旨の売買契約が成立するならば，この契約の効果として，多くの場合，動産の所有権が移転する。しかし，所有権の移転が期待どおりに生ずるためには，一つの前提が必要である。それは，売主が所有者でなければならない，ということである。所有者でない人と売買契約を結んでも，契約は有効であるが，契約に基づく所有権の移転は生じない。たとえば，つぎのような場合が，そ

うである。

> AがBに貸していた動産を，Bが，自分の物であると偽ってCに売買の申込みをし，Cがこれを承諾した。

Bは，物を借りていたにすぎず，所有者ではないのであるから，BとCとのあいだに売買契約が成立してもCは所有権を取得できないのが原則

図3-7

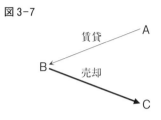

である。このことは，たとえば，Cが，本当の所有者がAであることを知っていた場合には，妥当な結果であることを疑う余地はないであろう。これに対し，CがBを所有者であると信じており，しかも，そのことに落度がない場合は，所有権を取得できない，ということになると，取引の安全が脅かされる。Bを所有者であると信じたCはBに代金を払うであろうし，代金を受け取ったBがどこかへ逃げてしまったあとで，Aからの返還請求を受けることになるCは，たいへん困った立場に置かれる。また，Aの側も，Bを信頼して貸したという点では落度があったのであり，返還請求ができることが，あたりまえであるということにはならない。このような場合に，動産の取引の安全を図るため，一定の要件の下で例外的にCによる所有権の取得を認める制度，すなわち非権利者から動産を譲り受けた者のために例外的に動産の所有権取得を認める制度が必要になる。192条が定めるのがそれであり，**即時取得**または**善意取得**とよばれる。この制度のねらいは動産の取引の安全を図ることにある（→①◆自動車の売買）。

即時取得の要件その1
──引渡し

即時取得が成立するためには，192条によると，「動産の占有を始めた」ことが必要である。BからCへの占有移転がなければならないのである。この引渡しは，平穏かつ公然になされなければならない。また，判例によれば，この引渡しは占有改定（183条）の方法ですることは認められない。たとえばCがBに代金を支払う際に，ひきつづき物をBに預けておくということにした場合は，即時取得は成立しない。即時取得成立のためには「外観上従来の占有状態に変更を生ずるがごとき占有を取得すること」を必要とするのが適当であるからである（最判昭和35年2月11日民集14巻2号168頁）。

即時取得の要件その2
──善意無過失

また，192条によると，Cは，引渡しを受けた時に善意であり，かつ，無過失でなければならない。ここで善意とは，Cが，Bは所有者でないという事実を知らないことであり，また，無過失とは，この事実を知らないことについて過失がないことである。

即時取得の要件その3
──法律行為の存在

Cの占有取得は，Bとのあいだの有効な法律行為に基づくのでなければならない。即時取得は，取引の安全を保護するための制度であるからである。この要件は，192条の「取引行為によって」という文言により指示されている。たとえば，Bが置き忘れた物をCが自分の物であると信じて持ち去っても，即時取得は成立しない。BとCとのあいだには何らの"取引"も存在しないからである。また，BとCとのあいだに成立する法律行為は有効なものでなけ

ればならない。未成年者のBが法定代理人の同意を得ないでCに売った場合に，のちに法定代理人が売買を取り消せば（5条2項），売買は遡って無効になる（121条）から，Cは，所有権を取得することができない。Bが未成年者でないと信じて取引をしたCには気の毒であるが，即時取得は，前主の無権利を治癒する制度にすぎず，取消原因の有無に関する相手方の信頼をカバーする制度ではないのである。

| 即時取得の効果 | 以上の要件を充たす場合，Cは，「動産について行使する権利」，すなわち，ここでは所有権を「取得する」（192条）。この所有権取得は，Cが，BなりAなりから受け継いでするのではなく，従来の権利関係の経緯とは切り離した仕方で生ずる。このような所有権の取得を原始取得という（第2章1③参照）。したがって，動産に従前に附着していた負担となる権利は，即時取得の成立に伴い消滅する。

| 盗品・遺失物の特則 | AがBに貸した物を善意無過失で譲り受けたCのために即時取得が認められるのは，AがBを信頼して動産の占有を託した点でAにも落度が認められるからである。Aが物を盗まれたり，なくしたりした場合は，これとは事情が大きく異なる。たしかに，戸締まりをしっかりしておかなかったとか，うっかり落としたのが悪いとかいうこともできるが，他人に占有を託した場合に比べるならば，落度は小さい。そこで，このような場合に善意無過失で動産を譲り受けた者が現れたとしても，Aは，「盗難又は遺失の時から二年間」は，Cに対し返還を請求できるものとすることにより，AとCとのあいだの利益

のバランスが図られる（193条。なお194条）。

◆**動産譲渡登記がなされる場合の法律関係**　動産及び債権の譲渡の対抗要件に関する民法の特例等に関する法律3条により引渡しと同様の対抗要件としての効力が登記に認められることの具体の帰結は，つぎのようなものである。

（1）　Aが，その所有する動産をBに譲渡し，それに係る登記がされたあとで，同じ動産についてAがCへの譲渡をしてCのために占有改定がされた場合において，Bは，その所有権取得をもってCに対し対抗することができる。

（2）　Aが，その所有する動産をBに譲渡してBのために占有改定をしたあとで，同じ動産についてAがCへの譲渡をし，それに係る登記をした場合において，Cは，その所有権取得をもってBに対し対抗することができない。このことは，Cが，先行するBへの所有権移転を過失なくして知らなかったときも，同様である。

（3）　Aが，その所有する動産をBに譲渡し，それに係る登記がされたあとで，同じ動産についてAがCへの譲渡をしてCへの現実の引渡しをした場合において，Bは，Cについて即時取得が成立するときを除き，その所有権取得をもってCに対し対抗することができる。この場合における即時取得の適用関係について，Cの登記簿照覧を期待することができる取引慣行が形成されている場面においては，Cが，先行するBへの所有権譲渡を知っていたか，または過失により知らなかったものとする事実上の推定が働く。そのような取引慣行は，Cへの譲渡もまた担保のための譲渡であるような場面において，そのような取引関係に入ってくるCは登記簿照覧に関心をもつべきであるとする評価を基盤として，その形成を期待することができる。

4 補説——明認方法を対抗要件とする物権変動

立木と未分離果実

土地に生立している樹木またはその集団を**立木**とよぶ。立木は土地の定着物であり、生立している土地（地盤）と一体でのみ処分の対象となるのが原則である（86条1項参照）。しかしこれには、一定の要件の下で例外が認められる。例外が認められる場合は二つあり、一つは特別の登記をした場合である。立木の登記という特別の登記をした場合に、立木は「土地ト分離シテ」処分をすることができ（立木ニ関スル法律2条2項）、不動産として扱われる（同条1項）から、立木の登記をすることが対抗要件となる（177条）。もう一つの例外は慣習上認められたものである。**明認方法**とよばれる慣習上の公示方法を施した立木は、土地とは独立して取引の対象とすることができる。なお、土地から分離していない天然果実（88条1項。立稲など）も、明認方法を施すならば、土地とは切り離して処分をすることができる（こちらのほうは登記の制度はない）。

対抗問題の扱い

明認方法は、慣習により認められた公示方法であり、どのような方法で行えばよいかは、具体的には慣習により定まる。典型的には、立木の皮を削り、所有者の名前を墨で書く、といった方法がとられる。明認方法の公示方法としての効力は、ふつうの不動産物権変動における登記の役割と同じである。たとえば、Aの有する土地の上に立木がある場合に、Aが立木のみを一方ではBへ、他方ではCへ譲渡したときのBとCとの優劣は、BとCのいずれが先に明認方法を施したかにより定まる。また、Aが立木のみをBへ譲渡し、半面、立木を

含む土地をCへ譲渡したというときには，立木については二重譲渡があったことになり，Bによる明認方法の実行と，Cへの土地の（全体についての）所有権移転登記経由との先後により両者の優劣が決まる。

_____
即時取得適用の有無

立木ないし未分離果実は，土地の定着物である意味で不動産でありながら，明認方法という物の物理的状況に密着した公示方法により物権変動の公示が可能である点で動産に似る。そこで，これらについても，即時取得（192条）の成立する余地があるのではないか，が問題となる。実際，大審院の判例には，未分離果実について192条の適用を肯定するように読めるものもある。しかし，立木および未分離果実の財産としての本来の性質は不動産であるし，動産に比べ，これらの迅速・活発な取引の安全を保障しなければならない必要性も小さい。そこで，今日の一般的な解釈は，即時取得の適用を否定している。したがって，AがBに立木を譲渡したこともないのに，Bが，B名義の明認方法をAに無断で施し，そのうえで立木をCへ譲渡しても，Cのために即時取得は成立しない。Bが立木の所有者であると信じたことについてCに落度がなく，かつ，AがB名義の明認方法の存在に気づいたのに，これを放置したことについて帰責事由が認められるときに限り，Cは94条2項の類推解釈により保護される。

📖 **読書案内**　安永正昭「登記・登録による公示と動産の善意取得」神戸法学雑誌42巻1号（1992年），米倉明「流通過程における所有権留保再論」法学協会雑誌百周年記念論文集（第3巻，1983年）。

（朝日新聞 1998 年 1 月 31 日，朝日新聞 1999 年 11 月 25 日）

現代の諸問題に対処するため，裁判所も努力を重ねています。抵当権をめぐる判例の動きは，その一例です。

第**4**章　法　　人

法律上，人として扱われるものには，自然人のほかに，法人
がある。法律上の「人」とは，権利および義務の主体となりう
る資格，つまり権利能力の享有主体であり，一定の要件を充た
す人の集団，および，ある目的のために供せられた財産には，
権利能力が認められる。これらが，すなわち法人である。

1　法人というものの考え方

人の集団／社団

　　　　いまここに，ある活動を志す 10 人の人が
いるとしよう。10 人の人たちは，たとえば，
ある種類の市民活動を行う NPO をスタートさせようとしている，
とでも考えるならば，わかりやすいであろうか。この人たちが時
間・知恵・労力，そして，お金などを出しあって，これから一つの
活動を始めることになった。お金や労力が一人の人のものでは十分
でないという場合でも，複数の人が集まれば，それだけ大きな活動
の展開が可能になる。これは，大変に良いことである。しかし，そ
こに問題がないわけではない。たとえば，活動を進めるなかで取引
の相手方となった者からの諸連絡は，10 人のうちの，だれにすれ
ばよいのか。代表者を一人決めて，その人に電話するのも一つの方
法ではある。しかし，その電話は，代表者となった人のプライベー

トな通話のためにも用いられる。両方を同じ電話で受けることには，いろいろな不便が伴うであろう。活動をするうえで必要なお金を預けておく預金口座についても同じ問題がある。代表者の個人の口座を使ったのでは，活動資金と個人の貯金がゴッチャになってしまう。こういう場合に，その活動のために集まった10人の人たちのグループを法律上は一人の「人」とみて，それが独立の電話や口座を持つことができると便利である。

一定目的に供された
財産／財団

また，こういうこともあるだろう。ある人が，お金をたくさん持っており，その利息として得られるお金を用い，経済的に困難な状況にある学生に奨学金を与えている。これも大変に良いことであるが，困ったことは，なまみの人間である人，つまり法律用語でいう自然人は，生命体としては時間的に有限である，ということである。その人が死んだら，相続人となる子どもたちは，お金を自分たちの好きに使いたいと言い出すかもしれない。死後も志を活かしていくためには，奨学金の源資となっているお金をその本人から切り離し，法律上は一人の「人」として考えることができるとよい。

ペルソンヌ・モラル

これらのことを可能にするため法律が用意するテクニックが「法人」にほかならない。10人の人は，あくまでも10人の人であり，その人たちが作ったグループが一人の人であるなどということは，自然科学的には，ありえない。その一人の人は身長はいくらですか，と尋ねられても，答えようがないであろう。しかし法律の世界においては，これを一人の人と考えるのである。同じように，一定の目的に供せられたお金

は，生命体としての現実を有しない。しかしこれも，頭の中では人と考える。この"頭の中では"ということが，法人を考えるときには，とても大切である。フランス語では法人を「モラルな人」といい，ときに「道徳的な人」と誤訳されるが，モラルには"道徳的"のほかに"観念的"の意味がある。頭の中で，つまり観念上考える人に権利義務の主体性を肯認するのが，法人の制度である。

　そのような権利主体性を認められるものとしての法人は，どのような要件のもとに設立が認められるであろうか。これから順に見てゆくところから明らかになるとおり，それについては，法律に詳細な規定が置かれているが，その大きな前提をなすことは，「法人の設立……については……法律の定めるところによる」ということである（33条2項）。つまり，法律がなければ，法人というものは，ありえない。法人という言葉も，そこから来ている。事情があって社団としての実体を持ちながら法人になっていない団体について社団法人に関する規定を類推することがあってもよい（→**4◆権利能力のない社団**）けれども，あくまでも類推であって，そのような団体を法人であるとは考えない。

　これに対し自然人については，ある人を人と認めるかどうか，について，いちいち法律の規定は要らない。3条1項は自然人のすべてについて権利能力を与えることを含意するというふうに説明してもよいが，そもそも自然人は，その人が人間であることの本源的な要請として，法律的主体性を認める，つまり権利能力が承認される，と考えるべきであろう。3条1項は，むしろ，このことを確認するものと見るべきである。

② 法人のさまざまな形態

<u>社団法人と財団法人</u>　　法人にはいろいろな種類のものがある。ま
ず，法人の成り立ちがどのようなものであ
るかという観点からの分類として，**社団法人**と**財団法人**の区別がある。
社団法人は，人の集合体，つまり団体に法人格が認められたものを
いう。株式会社は，社団法人の一つの形態であり，これは，株主を
構成員とする団体に法人格が与えられたものである。これに対し，
財団法人は，ある目的のために提供された財産に法人格を認めるも
のである。ある人が，一定の文化事業のために提供した財産に法人
格が認められれば，その財産は，その人が死んだ後も，その人から
離れた独立の財産体として運用され，これを文化事業に供しようと
いう設立者の意思は，いわば，その人の生命としての時間的限界を
超えて生きる。

<u>営利法人と非営利法人</u>　　法人はまた，どのような目的で設立される
か，という観点から，**営利法人**と**非営利法人**
とに分けることができる。構成員に利益を分配すること（たとえば
配当という形で）を目的とする法人が営利法人であり，株式会社や，
それから合名会社などの持分会社がこれに当たる（会社法105条・
621条。また，「営利事業を営むことを目的とする法人」に言及する33条2
項参照）。これに対し，営利法人でない法人を非営利法人とよぶと
するならば，これは，さらに，いくつかの形態のものに分かれる。
これらのうち，営利法人は，会社法という法律により基本的な規律
が与えられており，講学上も，商法学の分野において扱われる。こ
れに対し，非営利法人は民法学の分野で扱われ，その概要を知るう

えでは，つぎの五つの概念を理解しておくことが求められる。

(1) 一般社団法人　　社団法人である非営利法人の一般的な形態が，**一般社団法人**である。法人を設立するために，一般には，行政庁の許可や認可を得て設立が認められるという仕組が採られることもある（これを許可主義ないし認可主義という）けれども，一般社団法人について，このような仕組は，採られていない。法律が定める要件（たとえば所定の事項を記した定款を作成して，それについて公証人の認証を受けること。一般社団法人及び一般財団法人に関する法律11条・13条）を充足したことを登記官が確認するならば，設立の登記がなされ，行政庁の許可などを要することなく，法人が設立される（同法22条。このような仕組を準則主義という）。このようにして設立される一般社団法人は，定款において「社員に剰余金又は残余財産の分配を受ける権利を与える旨の定款の定め」をしても，それは，無効である（同法11条2項）。また，一般社団法人で最も重要な機関である社員総会は，「社員に剰余金を分配する旨の決議」をすることができない（同法35条3項）。もっとも，法人が解散する際に，結果として残余財産などを社員に分配することとなることを妨げるものではない。つまり，あらかじめ残余財産分配請求権を社員に与えておくことは，非営利という観念に適合しないという考え方である。

(2) 一般財団法人　　財団法人である非営利法人の一般的な形態が，**一般財団法人**であり，これもまた，準則主義の考え方に基づいて，設立の登記をすることにより成立する（同法152条・153条・155条・163条）。財団法人においては，もともと社員がいないから，社員に利益を分配することを目的としてはならない，ということ自体は，論理上問題とならない。したがって，一般財団法人が非営利法人である，というときの非営利法人ということの意味は，営利法

人ではない，ということ以上に出るものではない。もっとも，財団法人の設立にあたり，財産を拠出する者（設立者とよばれる）が剰余金・残余財産の分配を受ける権利が保障されているということになるとすると，実質的に非営利でないという色彩を帯びるから，これを避けるため，そのような権利を設立者に与える定款の定めは，無効であるとされる（同法153条3項2号。財団法人の重要な機関である評議員会が設立者に剰余金を分配する旨の決議を妨げる旨の規定はないが，これは，もともと評議員会の権限が限られており，規定を設けなくても，そのような決議をすることはできないと考えられるからである）。

　（3）　公益社団法人　　一般社団法人のなかで公益を増進する事業を適正に実施することができるものとして，公益認定というものを受けた法人を**公益社団法人**という（公益社団法人及び公益財団法人の認定等に関する法律2条1号・4条）。公益を増進する，とは，つまり不特定多数の人々の利益を増進することにほかならない。ある大学の同窓生を社員とする法人は，社員に利益を分配するといったことを考えるものではないから，それを法人とする場合において，それが一般社団法人となることは十分に考えられる。しかし，その同窓会は，社員の親睦を図るための団体，もっと広く言うならば，社員に共通する利益を増進するものであるにとどまり，けっして社会の一般的な利益に資する，ということは考えられていない。これに対し，たとえば世の中の社会福祉に努力している人々の活動を支援したり，その分野の研究をしたりすることを目的として設立される法人は，法律の定める要件（同法5条）を充足するならば，国または都道府県に置かれる合議制の機関から公益認定を受けることにより，公益社団法人となる可能性が開かれる。公益社団法人は，行政庁の監督に服する（同法27条・28条）ことになる半面において，税制上

の優遇などに途が開かれる。たとえ話でイメージを豊かにするとするならば，ちょうど，準則主義で設立される一般社団法人が，まずは，ある建物に入って1階にいる，という感覚であるならば，公益認定を受けることにより公益社団法人となることは，2階に昇る，ということに喩えられる。

(4) 公益財団法人　　財団法人についても，一般財団法人が公益認定を受けて**公益財団法人**となる可能性があり（同法2条2号），その関係は，一般社団法人と公益社団法人の関係と等しい。いわば，財団法人という建物の1階が一般財団法人であり，2階が公益財団法人である。

(5) 特定非営利活動法人　　この章の冒頭に登場したNPOなど「市民が行う自由な社会貢献活動」を営む団体が用いる法人の標準的な形態として想定されるものが，**特定非営利活動法人**である（特定非営利活動促進法1条）。これもまた社団法人であるが，まず，設立の方式が準則主義でないところが一般社団法人と異なる。法律が別表に列挙して定める活動で不特定多数の人々の利益の増進に寄与することを目的とするものが特定非営利活動であり，これを主たる目的とすることなど一定の要件を充足することを役所（法律のうえで「所轄庁」とよばれ，これは都道府県知事が担う。同法9条）の認証を得て登記をすることにより設立される（同法2条・12条・13条）。このような設立の方式は認証主義とよばれる。

公益社団法人は，公益認定を受けるため，公益目的事業の数的な比率など重装備の基準（公益社団法人及び公益財団法人の認定等に関する法律15条・5条8号）を充たさなければならないのに対し，特定非営利活動法人は，そのような基準とは異なる観点（たとえば社員の人数など，特定非営利活動促進法12条1項4号）から，設立の認証が与

えられる。そして，特定非営利活動法人には，税制上の一定の特例に恵まれる可能性などが開かれる（同法70条。とりわけ重要であるものに，いわゆる認定特定非営利活動法人となることにより与えられる寄附税制等上の優遇がある，同法44条以下参照）。

二つの分類をクロスさせると　社団法人は，営利法人であることもあれば（典型的には株式会社），非営利法人であること（たとえば消費生活協同組合）もある。これに対し，財団法人は，営利法人であることは考えにくい。社員に利益を分配することを目的とすることが営利ということの意味であるとするならば，財団法人が，一定の目的に供された財産であって，社員なるものがいないからには，それに利益を分配するということも観念することが困難である。

　なお，社団法人にも財団法人にも当てはまることが，ないではない。いずれであれ法人には常に，国でいえば憲法に当たるような組織・運営の基本を定める規則があり，それを定款という。

本書で扱う法人　ここまでに出てきた法人のうち，営利法人は，会社法の定めるところに従って設立される。そこで，これらの営利法人は，商法の分野の本で学ぶことにしよう。本書においては，「一般社団法人及び一般財団法人に関する法律」が定める一般社団法人および一般財団法人，ならびに特定非営利活動促進法が定める特定非営利活動法人を主に念頭に置いて，法人に関する基本事項を学んでゆくことにする（→■NPOの時代）。いうまでもなく，一般社団法人または一般財団法人が公益認定を受けて公益社団法人または公益財団法人になった場合も，それらが，

それぞれ非営利の社団法人または財団法人である性質を失うものではないから、ここでの考察の対象に含まれる。

これらのうち、一般社団法人・一般財団法人・公益社団法人・公益財団法人の諸制度は、2006年の国会で成立した「一般社団法人及び一般財団法人に関する法律」および「公益社団法人及び公益財団法人の認定等に関する法律」による公益法人制度改革に伴い登場してきたものである。これらの法律が施行されることにより、民法の法人の規定は一新され、また、それまであった有限責任中間法人および無限責任中間法人の制度は廃止された。これらの法律が施行されたのは、2008年12月である。

これからあとは、法律の引用が煩わしくなるから、「一般社団法人及び一般財団法人に関する法律」は「一般社団・財団法人法」と略称することとしよう。

③ 法人の機関

機関の必要性

自然人は、何らかの契約を結ぼうとすれば、意思能力がある限り、自分の頭で考えて判断をし、そして、判断して決定したことを実行するため、自分の手と足で動き、契約の締結を実行することができる。しかし、法律により人格が認められた観念的な存在にすぎない法人には、頭も手も足もない。そこで、法人が具体的な活動をするためには、だれか自然人が、それをする必要がある。

社団法人の機関

そこで法人には、機関が必要になる。社団法人の主要な機関には、社員総会・理事・監事がある。それらの設置の要否や権限は、一般社団法人であれば、

それが理事会設置一般社団法人であるかどうかにより異なる。**理事会設置一般社団法人**は，規模の大きな団体が用いることを想定する制度であり，いろいろな機関の役割を分化させ，そのことにより機動的な活動をすることが図られる。

（1）　理事会設置一般社団法人でない一般社団法人の機関　　一般社団法人の通常の形態においては，社員総会および理事が必置の機関であり，また，監事を置くことができる（一般社団・財団法人法60条）。

a）　社員総会　　社団法人の構成員を社員といい，すべての社員で構成される機関が**社員総会**である。理事会設置一般社団法人でない一般社団法人において，社員総会は，最高で万能の意思決定機関であり，「一般社団法人に関する一切の事項」について決議をする権限をもつ（一般社団・財団法人法35条1項）。

b）　理事　　**理事**は，法人の業務を執行し，法人を代表する機関である（一般社団・財団法人法76条・77条）。法人の業務は，理事が複数いる場合は，原則として，その過半数をもって決定する（同法76条2項）。また，複数の理事がある場合において，それぞれの理事は，各自において法人を代表する（それぞれの理事が単独で代表権を行使する）ことが原則である（同法77条1項本文・2項）が，理事のうちから代表理事を選任する場合は，代表理事が代表権を行使し，他の理事は代表権を有しない（同条3項・4項・1項ただし書）。

c）　監事　　**監事**は，理事の職務執行をチェックする監査機関である（一般社団・財団法人法99条）。そのような機関の性格から派生する役割として，監事は，理事の不当な行為を差し止める権限や，法人と理事とのあいだの訴訟において法人を代表する権限などを有する（同法103条・104条）。

(2)　理事会設置一般社団法人の機関　　理事会設置一般社団法
人（一般社団・財団法人法16条1項括弧書・60条2項）においては，社
員総会および理事のみならず，**理事会**が置かれ，また，監事が必置
の機関であるとされる（同法61条）。また，理事会設置一般社団法
人でなければ公益認定を受けて公益認定法人となることができない
（公益社団法人及び公益財団法人の認定等に関する法律5条14号ハ）。

　a)　社員総会　　理事会設置一般社団法人において，社員総会は，
法律・定款に規定する事項に限り決議をすることができるものとさ
れるから，最高意思決定機関であるというよりも，法人の基本的な
意思形成機関であるというほうが，ふさわしい（一般社団・財団法人
法35条2項参照）。理事会設置一般社団法人において機関の分化が
みられるということは，このようなところに表われる。

　b)　理事会　　理事会設置一般社団法人には，すべての理事で
構成する理事会が置かれる（一般社団・財団法人法90条1項）。理事
会は，法人の業務執行を決定し，理事の職務執行を監督し，また，
代表理事を選定する（同条2項）。法人の業務は，代表理事または理
事会が選定した理事が執行する（同法91条1項）。また，理事会設
置一般社団法人において代表理事は必置の機関であり，代表理事が
法人を代表する。

　c)　監事　　理事会設置一般社団法人の監事の権限は，そうでな
い一般社団法人の場合と異ならない。また，監事は，理事会に出席
して意見を述べたり，理事会の招集を促し，または一定の要件のも
とで自ら理事会を招集したりする（一般社団・財団法人法101条）。

　(3)　特定非営利活動法人　　NPOなどが法人となる場合に用い
られることを想定する法人の形態である特定非営利活動法人には，
社員総会・理事・監事という機関がある（特定非営利活動促進法14条

の5・15条）。特定非営利活動法人の社員総会は，最高で万能の意思決定機関であり，法人の業務の「すべて」について決議をする権限をもつ（同法14条の5）。

理事は，3人以上置かなければならず（同法15条），法人の業務は，原則として，その過半数をもって決定する（同法17条）。また，それぞれの理事は，定款で代表権を制限される場合を除き，各自において法人を代表する（同法16条）。監事が，監査機関であることは，基本的に一般社団法人の場合と異ならない（同法18条）。

| 財団法人の機関 | 一般財団法人には，社員というものがないから，社員総会はない。一般財団法人の機関としては，評議員・評議員会・理事・理事会・監事がある（一般社団・財団法人法170条1項）。また，一般財団法人が公益認定を受けて公益財団法人となるのであるから，公益財団法人にも，これらの機関が置かれる。

評議員からなる**評議員会**は，一般財団法人の業務で法律・定款に定める事項を決議する（同法178条）。また，理事・理事会・監事の権限などは，おおよそ理事会設置一般社団法人におけるそれらと同じである（同法197条）（→④◆財団法人のガバナンス）。

④ 法人の活動

| 法人の権利能力 | 人の集団や一定目的に供せられた財産という観念的存在に自然人と同様の権利能力を与えようとするのが法人の制度であるが，しかし，法人が観念的存在であるからには，実在的存在である自然人とすべて同じ権利能力を認めることには困難がある。法人の権利能力については，つぎの

三つの類型の制限が論じられる。

（1）　たとえば法人を当事者とする婚姻や養子縁組は，無効である。これは，性質に基づく法人の権利能力の制限である。法人は，他の法人の理事となることもできない。なお，法人が相続人となる余地はないが，包括受遺者（964条・990条）になることは可能であると考えられている。

（2）　法令により法人の権利能力が制限されることがある。たとえば外国法人は，鉱業権を取得することができない（鉱業法17条）。

（3）　それぞれの法人は，その定款で「目的」を定める（一般社団・財団法人法11条1項1号・153条1項1号）。法律の本を出版することを目的に掲げる法人が医学の本を刊行することは，目的に適った行為であるとはいえない。そして，法人は，定款で定められた「目的の範囲内において，権利を有し，義務を負う」（34条）。もっとも，このことの意味については，法人の権利能力の制限であるとする理解（第一説）のほかに，法人の代表機関の権限に対する制限であるとする見解（第二説），代表機関の内部的責任を定めたにとどまるものとみる見解（第三説）が唱えられている。文言に忠実であるのは第一説であるが，目的の範囲内かどうかは微妙である（たとえば法医学の本を出すことをどう考えるか）ことが多く（→◆**定款で定める法人の目的**），取引の安全も考慮しなければならない。目的外の行為がなされたときに，それは，第一説では常に無効とされるが，第二説によれば相手方が善意であるときには有効とされる可能性がある（一般社団・財団法人法77条5項・197条）。第三説では，いちおう有効とされ，代表機関が法人の内部において義務違反の責を問われるにすぎないのが原則である。ただし，代表権の濫用に当たると認められる場合には，107条を類推して法律関係を処理するとするな

らば，その限りで第二説・第三説の結果は接近する。

◆**定款で定める法人の目的**　何が目的範囲外の行為となるかの具体的な認定にあたり，判例は，従来，営利法人については「目的の範囲」（34条）を緩やかに解する（その極端な例は企業の政治献金も可とする最判昭和45年6月24日民集24巻6号625頁）のに対し，公益法人など非営利法人については厳格な態度をとるものといわれてきた。しばしば問題となるのが農業協同組合や信用組合の員外貸付である（最判昭和41年4月26日民集20巻4号849頁）。もっとも，近時は，非営利法人の場合もやや柔軟に扱う傾向をみせ，また，目的の範囲外とされるべき行為にあっても当事者がその旨を主張する事情によっては，その主張を信義則に反するとの理由で許さないことがある（最判昭和44年7月4日民集23巻8号1347頁は，労働金庫から員外貸付を受けた借主が，その設定した抵当権の実行により不動産を競落した者に対し抵当権実行の無効を主張することを許さないとする）。ただし，近時においても，第1章 *1* ③ 思想・信条の自由）で紹介した平成8年判決のように，目的による制限を厳格に解する例があることは，見落とすことができない。

法人の業務の決定と執行

法人の活動を進めてゆくうえで理事は，重要である。多くの場合において理事は，法人の業務を執行し，対外的には法人を代表して，法人のために法律行為をする。

（1）　まず，法人の業務執行の決定は，どのようにして決まるか。たとえば，ある法人において，活動場所として手ごろな建物が見つかった場合に，その建物を買うこととするかどうかの内部的意思決定は，どのようにしてなされるか，という問題である。一般社団法人において理事が一人である場合には，もちろん，その理事が決定

する。複数の理事がいる場合には，原則として理事の過半数で決する（一般社団・財団法人法76条2項）。ただし，理事会設置一般社団法人においては，理事会が決定する（同法90条2項1号）。そこでの議決は，原則として過半数で行われる（同法95条1項）。一般財団法人においても同じである（同法197条）。また，特定非営利活動法人においては，かならず3人以上の理事がおり，その過半数で業務執行を決定することが原則である（特定非営利活動促進法15条・17条）。

　(2)　つぎに，そのようにして決まったことを，どのようにして実現してゆくか。建物の所有権の取得の場合には，法人に法律効果を帰属させる趣旨において，建物の売買契約を成立させなければならない。一般に，法人に法律効果を帰属させる趣旨で法律効果を成立させることを，代表機関が代表権を行使して法律行為をする，と表現する。では，だれが代表権を行使することとされているか。まず，一般社団法人においては，理事が「各自」つまり単独で代表権を行使することができることが原則である（一般社団・財団法人法77条2項）。しかし，例外があり，代表理事を定めた場合および特に一般社団法人を代表する者を定めた場合は，それらの者が代表権を行使する（同条1項ただし書）。なお，理事会設置一般社団法人においては，かならず代表理事が置かれる（同法90条3項）。一般財団法人も同じである（同法197条）。また，特定非営利活動法人においては，各理事が各自において代表権を行使することが原則である（特定非営利活動促進法16条）。

　このようにして行使される理事の代表権は，法人の事務の全部に及ぶことが原則である（同条の「すべて」，代表理事について一般社団・財団法人法77条4項の「一切の」）。しかし，いくつかの重要な例外に注意を要する。まず，法人と理事個人の利害が対立する事項につい

て理事は，代表権を制限されたり，代表権を有しないとされたりする（同法84条・197条，特定非営利活動促進法17条の4）。たとえば，理事個人が銀行からお金を借りるときに，担保として法人の財産を提供するということを，その理事その人が銀行に約束をするということが無制約に認められるということになると，法人の利益が大きく損なわれる。つぎに，それぞれの法人の自主的な定めにより，理事の代表権を制限することができる。たとえば一般社団法人が定款において，不動産の処分について理事は当然には代表権を有せず，理事の全員合意があるときにのみ，代表権の行使として処分をすることができると定めている場合に，理事が他の理事に無断で単独で不動産を売却する行為をしても，その行為は，無効である。ただし，売却の相手方が，この制限を知らなかった場合は，例外として有効になる（一般社団・財団法人法77条5項・197条。代表権に制限があることは知っていたが，他の理事の同意が得られているものと信じたことについて正当な理由のある第三者の保護は，110条の類推解釈により図られる。最判昭和60年11月29日民集39巻7号1760頁）。

（3）**代表権の行使でない法人の業務執行**　たとえば購入した建物の日常的な管理について，法人の事務職員などを指揮して諸事務を遂行するようなことは，一般社団法人において，各理事が行うことができることが原則であるが，定款で別段の定めをすることができる（一般社団・財団法人法76条1項）。なお，理事会設置一般社団法人においては，代表理事または理事会が特に選定した者が業務を執行する（同法91条1項）。一般財団法人においても同様である（同法197条）。また，特定非営利活動法人においては，各理事が業務を執行することができるものと解される。

◆**財団法人のガバナンス**　人の集合体である社団法人の場合には，その法人を動かす人（＝社員）が常に存在するから，法人の機関を選任することは，その人たちがすればよい。そこに特段の困難はない。すなわち理事は，まず設立時に定款で定めるか，または社員が選任し（一般社団・財団法人法15条1項），その後の改任は，社員総会決議でする（同法63条・70条）。

これに対し，難問であるのは財団法人の役員選任である。設立時は定款で指名するか，または定款で定める方法で評議員および理事を定めればよい（同法159条1項）けれども，そのあとは，どうするか。この問題について，公益法人制度改革の前は，しばしば評議員会が理事を選任し，理事会が評議員を選任する，という運営が行われていた。しかし，これでは，仲間うちで選び合うといったことになりかねない。とくに，執行機関である理事を批判し監視する役割が期待されている評議員を理事が選ぶ，というのでは，財団法人のガバナンスを脆いものとするおそれがある。公益法人制度改革の論議の過程において，口の悪い人からは，まるで"共食い"ならぬ"共選び"であると言われたりもした。

こうした批判に応え，新しい制度は，理事会ないし理事が評議員を選任することを禁ずる（同法153条3項1号）。このほかにも，財団法人については，その運用が不適正なものにならないよう若干の特別の配慮がなされている。ガバナンスを強化する観点から，単に理事を置くこととするのではなく，社団法人でいう理事会設置一般社団法人と同様の規律による機関設計がなされたり（同法170条1項・178条・197条），保有財産の規模として要請される水準について法律が定めを置いていたりする（同法202条2項）。

関連して，解散の事由についても，特有の規律がみられる。社団法人と異なり，社員という人がいない代わりに，一定の目的に供される財産こそが法人なのであるから，そこでは，設立者が定款で定めていた〈目的〉が決定的に重要である。一般に目的である事業の

成功不能により財団法人は解散するし，その一つの形態として基本財産が滅失することも，法人の解散事由であるとされる（同法 202 条 1 項 3 号）。たとえば，ある歴史的遺構を保存することが目的であって，その遺構が最も重要な財産であるという法人において，その遺構が災害などで滅失するならば，もはや，その財団法人を存続させる理由は失われる。

理事の不法行為 一般社団・財団法人法 78 条は，法人の代表理事が職務執行に関連して他人に損害を加えた場合には，法人もまた，損害を賠償する義務を負うと定める（なお同法 197 条および特定非営利活動促進法 8 条による準用）。同条の「職務を行うについて」は，職務との関連性を示す表現であり，715 条の「事業の執行について」と同じである。715 条は，被用者が他人に加えた損害（たとえば会社の運転手の不注意で起きた事故の被害）を使用者が賠償すべきものと定めており，法律関係の処理は，一般社団・財団法人法 78 条の場合と似ている。両者が効果の点で違うのは，715 条 1 項ただし書の免責可能性に対応するものが一般社団・財団法人法 78 条には欠けていることであり，その限りにおいて一般社団・財団法人法 78 条は，法人の不法行為責任を 715 条に比べ強化している。なぜ強化しているのかといえば，それは，代表機関の行動は，法人それ自体の行動と同視できるか，少なくともこれにきわめて近いものと考えることができ，それについて法人による選任・監督の過失の有無を論ずることは無意味であるからである（→◆理事の不法行為）。

◆**理事の不法行為**　法人の代表理事など代表者が職務執行に関連して他人に損害を加えたことに伴い法人が第三者に対し不法行為責任を負う場合（一般社団・財団法人法 78 条・197 条，特定非営利活動促進法 8 条）においても，代表機関である理事が行った行為は，一面では，自然人である代表機関かれ自身の行為であるという性格をももっているから，代表機関である自然人も，法人の代表機関であるという資格を離れ（いわば個人として）不法行為責任を負うと解すべきである。

　そして，その際，法人の責任と代表機関である自然人の責任は，全部義務の関係に立つ（損害の額が 100 万円であるとすると，被害者は，法人に対しても，代表機関である自然人に対しても，100万円まで請求することができる）と考えられる。そして，法人のほうが被害者に弁済をなした場合には，法人は代表機関に対し求償ができると解すべきである（法人が被害者に 100 万円の金銭を支払えば，代表機関である自然人は，被害者からの追及を受けないですむが，かわりに法人に対し，自分の責任の割合に応じた相当額，たとえば 80 万円を払わなければならない）。もっとも，一般社団法人・一般財団法人の場合において，理事の責任の全部または一部を免除することは，一般に可能である（ただし，対外的に不法行為責任を負う理事が，職務を行うについて悪意または重大な過失があったときには，一般社団・財団法人法 112 条に基づく総社員の同意による免除があるときを除き，内部的な責任を免除されることはない。同法 113 条以下参照）。

　なお，ここまでで説明したのは，理事の行為が 709 条の不法行為の要件（たとえば被害者に損害を生ぜしめることについての故意・過失）を充足する場合の法律関係であるが，これとは別に，一般社団法人・一般財団法人の場合において，それらの理事が「職務を行うについて悪意又は重大な過失があったとき」に，理事は，その第三者に対し損害を賠償しなければならない（一般社団・財団法人法

117 条 1 項・198 条）。この点において，理事の職務行為との関係での第三者の保護の充実が図られている。なぜならば，そこで求められる悪意・重過失は「職務を行うについて」のものであることで十分であり，第三者に損害が生ずることについての理事の故意・過失を立証することができない場合にあっても，賠償責任を追及する可能性が開かれるからである。

代表権の濫用

法人の代表機関たる理事である自然人が，社員総会・評議員会の承認を経ないで，自分個人の債務のため，法人を代表して法人の所有する不動産に抵当権を設定することは，一般社団・財団法人法 84 条 1 項 2 号・197 条に抵触するから，抵当権設定行為の効果は，法人に帰属しない（また，特定非営利活動促進法 17 条の 4）。では，代表機関である自然人が，借入金を私利に着服する目的で形式上は法人の名において融資を受け，かつ，法人所有の不動産に抵当権を設定した場合は，どうであろうか。問題とする法律行為は，少なくとも名目上は，法人の債務のための担保設定であり，したがって，一般社団・財団法人法 84 条の問題は生ぜず，代表機関の権限の範囲内にあるから，原則としては有効であるとしなければならない。しかし，相手方が代表機関である自然人の意図に気づいていた場合や，気づくことができた場合まで同じに扱うことは，問題であろう。107 条を類推して，代理人による代理権限の濫用（第 6 章 ② 代理行為の効果の帰属）と同じように，法人は，濫用の事実について悪意または有過失の相手方に対しては，代表権行使の効果を否定することができると考えるべきである（最判昭和 38 年 9 月 5 日民集 17 巻 8 号 909 頁参照）。

◆**権利能力のない社団**　一般社団・財団法人法や特定非営利活動促進法がなかった時代にも，さまざまの団体が活動する必要があった。たとえば，戦地から戻ってきた人たちの生活の再出発を支援する団体などである。こうした団体などが，社団としての実体をもちながら法人になっていないときに，これを**権利能力のない社団**という。判例は，「権利能力のない社団といいうるためには，団体としての組織をそなえ，そこには多数決の原則が行われ，構成員の変更にもかかわらず団体そのものが存続し，しかしてその組織によって代表の方法，総会の運営，財産の管理その他団体としての主要な点が確定しているものでなければならない」という基準を提示する（最判昭和39年10月15日民集18巻8号1671頁）。なお，判例は，権利能力のない"財団"についても，「個人財産から分離独立した基本財産を有し，かつ，その運営のための組織を有して」いることを要件として成立を認める（最判昭和44年11月4日民集23巻11号1951頁）けれども，こちらのほうは，設立準備中の組織（設立許可が出れば法人となる）が問題とされた実例がめだち，やや特殊である。

（1）　**権利能力のない社団の財産**　権利能力のない社団の財産は，構成員に「総有的に帰属する」とするのが，判例である（最判昭和39年10月15日前掲）。総有概念を用いることは，構成員個人の共有持分権やこれに基づく財産分割請求権（256条）を否定するのに役立つが，第2章**1**④◆持分権を観念することができない共同所有で学んだように，本来は入会団体による共同所有（263条）の形態を指す概念である。学説には，これを権利能力のない社団に用いるのは適切でなく，端的に社団の単独所有と考えるべきであると説くものがみられる。なお登記実務上，権利能力のない社団に属する不動産は，団体名をそのまま名義人とする登記（「所有者　アルマ法律学研究会」）も，また，代表者であることを示す肩書のついた自然人名義の登記（「所有者　アルマ法律学研究会代表　朝倉文代」

のように）も，いずれも許されず，代表者の純然たる個人名義（「所有者　朝倉文代」）のみが許される。

（2）　**権利能力のない社団の債務**　権利能力のない社団であるとされる団体が負う債務は，それが弁済されなかった場合に，債権者は，個々の構成員個人に対し弁済を請求することができるか。判例は，これをできないとし，強制執行は，社団に属する財産のみを差し押さえてするべきものとする（最判昭和48年10月9日民集27巻9号1129頁）。

■　NPO の時代

特定非営利活動促進法は，NPO 法と略称されることが，すくなくありません。では，特定非営利活動法人とは，NPO のことなのでしょうか。これは，なかなか難しい問いです。特定非営利活動法人は法制上の概念であるのに対し，NPO は社会的実体に着眼した概念ですから，異なる次元に位置しており，両者の異同を問うこと自体に問題があります。ただし，特定非営利活動法人が，「市民が行う自由な社会貢献活動」をする団体であることが標榜されている（特定非営利活動促進法1条）とするならば，特定非営利活動法人の典型的なイメージがNPOであるということは，まちがっていないでしょう。

ところで，その特定非営利活動促進法が定める認証による設立という考え方が生まれてきた背景は，改正された後の民法や一般社団・財団法人法のみを眺めていたのでは，よくわからない部分があります。

かつて民法が定めていた公益法人は，主務官庁の許可を得て設立されるものであり，簡単に言うならば，要するに"役所に頭を下げる"ということをしなければ円滑な設立を果たしえない，というおそれがありました。それでは自由な市民活動のための団体を闊達に設立することに困難がありますから，1998年に制定された特定非営利活動促進法は，所轄庁が要件の充足を認める場合には認証を与えなければならないものとし（12条），また，設立後の所轄庁による監督も限定的なものにしました（41条以下）。

しかし，公益法人制度改革は，一般の非営利法人を準則主義で設立す

ることができるようにし，そのようにして設立された一般の非営利法人のなかで公益認定を受けたものが公益の観点から行政庁の監督を受けるということにする，という方針を掲げ（いわゆる二階建て構想），実際に，この方針に則って 2006 年に，一般社団・財団法人法や公益社団法人及び公益財団法人の認定等に関する法律が成立しました。

こうなりますと，特定非営利活動法人について所轄庁による監督の制度が残っていることが，妙に目立ってきます。もっとも，それならば，所轄庁による監督の制度をなくしてしまえ，と考えてよいか，というと，そう簡単でもありません。監督をなくせば，特定非営利活動法人のガバナンスを強化する必要から，社員の代表訴訟（一般社団・財団法人法 278 条）のような比較的重い制度を導入することも考えなければならないことになるでしょうが，そうしたものが NPO に相応しいかは慎重な検討を要するにちがいありません。

ですから，公益法人制度改革の次の課題として，NPO を法制上どのように位置づけ直すか，という宿題があります。所轄庁としての仕事をするのは都道府県の公務員の人たちですが，当分のあいだ，そうした人たちが，NPO と共に歩む姿勢で，いわばスリムで賢い監督を工夫することを期待したいものです。

📖 **読書案内**　森泉章『公益法人の研究』（1977 年，勁草書房），山岡義典編『NPO 基礎講座／基礎——市民社会の創造のために』（1997 年，ぎょうせい），同編『NPO 基礎講座 2 ——市民社会の現在』（1998 年），田中弥生『NPO と社会をつなぐ—— NPO を変える評価とインターメディアリ』（2005 年，東京大学出版会），山田誠一「一般社団法人及び一般財団法人に関する法律について」民事研修（みんけん）590 号（2006 年），宇賀克也＝野口宣大『Q & A 新しい社団・財団法人制度のポイント』（2006 年，新日本法規）。ボランティア活動への"動員"がもつ市民社会論などとの関係における注意すべき側面について，中野敏男『大塚久雄と丸山眞男／動員，主体，戦争責任』（2001 年，青土社）とくに第 3 章（NPO と

の関連で注34），いずれも『法の科学』37号（2006年）に所収の佐藤岩夫「NPOの発展と新しい公共圏――その両義的展開」，松井真理子「自治体における『新しい公共』をめぐるNPOの現状と課題」，参照。

　権利能力の有無ということの形式的観察においては，自然人と法人は，ひとしく権利義務の主体である，ということになるが，かけがえのない個人の尊重という観点に立つ際には，手放しで両者の等質性を強調するわけにはいかない。大切なのは法人それ自体ではなく，そこに結集する諸個人であるはずであるが，しかし，この点に鋭敏であったのは，むしろ公法学のほうであった。そこでは，たとえば無留保に法人の人権主体性を肯認することへの戒めが説かれる。樋口陽一・前掲書（第1章1の末尾の（読書案内））182-4頁〔98〕。半面，現実に社会的影響力をもつ法人に対し効果的なコントロール（課税や刑罰）を加えるためには，一定程度において法人の実在性を前提とした処方を考えることも，避けられない。法人を扱うことの難しさに関わって法律学の各分野に与えられた諸課題の概観には，雑誌『法の科学』の21号（1993年）の特集が有益である。

第5章 担保物権

> 物に対する全面的な排他的支配の権能が所有権であった。この所有権と対比されるべき権利に制限物権がある。所有権のような全面性を有しない限定された支配の権能が制限物権であり，そのなかで物の使用収益を内容とする用益物権は，すでに第2章で学んだ。これに対し，債権を担保することをねらいとする制限物権が担保物権であり，これを本章で学ぶ。

① 抵 当 権

担保とは

これから学んでゆく担保物権は，債権を担保する手段である。債権とは，特定の人（債務者）に対し一定の給付（たとえば金銭の支払とか物の引渡しとか）を請求することができる権利である。金融機関が融資をするときに取得する貸付債権は，債権者である金融機関が債務者に対し，貸金の返済という給付を求めることができる。担保は，そのような債権の効力を実質的に強化する作用をもつものであり，そのなかでも代表的なものが抵当権である。

　　昇平　代表的なのが抵当権という話だけれど，そのほかの担保には，どんなのがあるんだろうか。
　　文代　担保は大きく分けて二種類あるの。物的担保と人的担保よ。物的担保は，物を直接に債権の担保に充てる方法で，抵当権

は，こちらに入るの。銀行からお金を借りる人が，借金の担保と
して，その所有する土地を抵当に供した場合に，銀行は，その土
地について優先弁済を受けることができるのよ。この効力は，抵
当権が登記されている限り，お金を借りた人が土地を第三者に譲
渡した場合にも認められるの。抵当権の効力は，こうして，土地
を誰が所有しているかにかかわりなく（つまり"直接に"）物に
ねらいを定めて発揮されるのよ。これに対し人的担保の代表的な
形態は保証。保証人は，本来の債務者が「債務を履行しないとき
に……履行をする責任を負う」（446条1項）けど，この履行
責任を追及できる相手方は保証人に限られるのよ。保証人が進ん
で履行をしてくれない場合には強制執行もできるけれど，保証人
が第三者に譲渡してしまった物までを追いかけていって差し押さ
えることは，できないのが原則。だから人的担保は，債務の引当
となる物ではなく，債務を負う人を増やすという仕方の担保手段
であるといえるの。一般に債権は，債務者の数が増えれば増える
ほど，その実質的効力が強化される特性をもっていて（なぜなら，
ある債務者が倒産をしても，残った別の債務者を追及できるか
ら），まさに人的担保は，この特性に着眼したものなのよ。

　昇平　物的担保は，物を直接に"担保に供する"ものであると
いうことを，もうすこし具体的に説明してほしいな。

　文代　物的担保の効力には，三つのパターンがあるわ。民法が
定める担保物権は，あるものは，三つの効力のうちの一つだけを
持っていて，また，あるものは，三つのうちの複数の効力を組み
合わせて持っているの。

　昇平　三つの効力っていうと……。

　文代　(1)優先弁済的効力，(2)留置的効力，そして(3)収益的
効力の三つよ。

　昇平　難しい言葉のオンパレードだな。一つずつ説明してくれ
る？

文代　(1)は, 担保物を裁判所が競売し ("けいばい" と読みます。"きょうばい" ではありません), お金に換え, 得られたお金 (売得金といいます) から, 担保権者のために優先して弁済 (配当) を与える効力。抵当権の効力は, まさに典型的には, このようなやりかたで発揮されるの。つぎに(2)は, 担保物を債権者が占有し, 債務者による弁済があるまでは, 物の返還を拒むことにより, 弁済を間接に促す効力のことなの。そして(3)は果実を収取する効力。"果実" は覚えているわよね。

　昇平　物からの産出物が天然果実 (88条1項), 物の利用の対価として得られる物が法定果実 (同条2項) だったよね (第2章1の用語説明)。

　文代　よくできました。ビルを競売して売得金から優先弁済を受けるのは(1)だけれど, テナントが払う賃料のような果実 (法定果実) を債権の弁済に充てるのが(3)よ。

　昇平　なるほど。抵当権は, このうち, どの効力が認められるのかな。

　文代　抵当権の典型的な効力は(1)よ。(3)について少し難しい問題があるけれど, その話は, つぎのミーティングの楽しみに残しておきましょう。いま大切なのは, 民法が定める担保物権に

表5-1　担保物権の一覧

		優先弁済的効力	留置的効力	収益的効力
留置権		×	○	×
先取特権		○	×	△
質権	動産質権	○	○	×
	不動産質権	○	○	○
	権利質権	○	—	*
抵当権		○	×	△

注)　効力があることを○で, ないことを×で示す。また, 担保不動産収益執行により効力を発現する可能性があることを△で, 目的とされる権利に応じ異なることを*で示す。

は，このほかさらに，留置権（295条），先取特権（さきどりとっけん。303条），質権（342条）があるということ。抵当権と先取特権は(1)を中心とする担保であり，留置権は(2)のみが認められるの。それから，動産を質に取る動産質権は(1)と(2)の組み合わせであるし，不動産質権は(1)・(2)・(3)のすべてが認められるの。

　昇平　だいたい理解できたけれど，抵当権と先取特権の区別が，よくわからないな。

　文代　抵当権は，債権者が不動産の所有者と交渉をして，抵当権設定契約を結ぶことによって成立するの。このように，当事者の契約を原因として成立する担保を約定担保というのよ。抵当権だけでなく質権も約定担保に入るの。これに対し，法律の定める要件が充たされる場合に，当事者の意思は関係なく成立する法定担保というものがあるわ。就職活動をしている学生が，職を求めて会社を訪ね，採用されたという場面を考えてみましょう。職場で働けば会社に対し賃金債権（623条）を取得するけれど，会社が倒産した場合に，賃金の担保を取っていなかったことを非難できるかしら。就職面接で「御社は危ないという話もあるので，本社ビルに抵当権を設定してください」などと言ったら，今のような就職難でなくても，「どうぞ別の会社へ行ってください」と言われるのがオチでしょう。社会的・経済的な力関係において，労働者には，担保を自分の力で取得できる機会がないの。だから法律は，労働者が使用者の一般財産から優先弁済を得る途を開いているのよ（306条2号）。法定担保には，ほかに留置権もあって，この章の後のほうで出てくるわ。

抵当権の特徴

　抵当権は，まず，いま説明したように，①約定担保である。②つぎに，**非占有担保で**

ある。ある物を担保の目的とする際にも，それを債権者に引き渡す必要がなく，所有者が物の占有利用を続けることができる物的担保を非占有担保という。もちろんその場合でも，弁済期になって債務が弁済されなければ，たとえば物を取り上げられて競売にかけられる。③そして抵当権は，民法上，不動産それ自体（369条1項）または不動産を目的とする一定の権利（同条2項）のみを目的とすることができる（→◆抵当権の効力の物的範囲）。特別法に基づいて一定規模の船舶などに抵当権を設定することはできる（また航空機抵当法3条や自動車抵当法3条なども参照）けれども，それらは例外的な扱いである。土地または建物を抵当とするのが基本であり，絵画や宝石に抵当権を設定することはできない。

◆抵当権の効力の物的範囲　抵当権は，その設定ののち実行までのあいだに時間的な間隔があるのが普通であり，そのあいだに目的不動産についてさまざまな物が付け加わって，その経済的価値を増すということが，起こりうる。そのような場合には，附け加わった物を含む全体に抵当権の効力を及ぼして換価の対象とすることが抵当権者にとっては有益であろう。しかし，抵当権は，質権と異なり，目的物の占有利用を所有者に委ねたままとすることを原則とする担保物権であるから，効力の及ぶ範囲が必ずしも明瞭でない場合も少なくない。つぎに掲げるものには，抵当権の効力が及ぶと解すべきであろうか。手かがりとなるのは，370条である。
　①　抵当権の目的である土地と一体になった石垣
　　（土地と一体となった時期と抵当権設定時の先後を問わない）
　②　抵当建物内に抵当権設定時に備え附けてあった畳
　③　同じく抵当権設定後に新しく備え附けられた畳
　考え方は大きく分けて二つあり，一つは，①・②・③の三つ全部が370条にいう「抵当権……の目的である不動産……に付加して

一体となっている物」（付加一体物）に当たると解して抵当権の効力が及ぶと考えるものである。この見解の下では，付加一体物には，87条1項の従物（②・③）と242条の「付合した物」（付合物。①がこれに当たる）の両方を含む。もう一つの考え方は，付加一体物とは付合物のみを指すと解する見解であり，これによれば，①に抵当権が及ぶことは370条により，②に及ぶことは87条2項により根拠づけられるけれども，抵当権設定行為（87条2項の「処分」）の時に存在しない③については抵当権の効力が及ぶことの説明を必ずしも明快になしえない。結果の妥当性からいっても，また，370条が特に87条との関係を指示せず独立に置かれていることからいっても，付加一体物を広く理解する前者の見解が適当であろう。

――――――
抵当権の基本的
法律関係

Aという銀行がLという会社に対し有する債権を担保するため，Lが，その所有する土地に抵当権を設定する場合に，Aは**抵当権者**，Lが**抵当権設定者**であり，AがLに対し有する債権が**被担保債権**である。抵当権を設定するという動詞の主語はLであり，Aのほうは抵当権を取得する，あるいは，抵当権の設定を受ける，と

図5-2　抵当権の法律関係

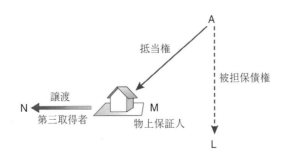

いう。抵当権設定者は，常に債務者であるとは限らない。抵当権は「債務者又は第三者が……担保に供した不動産」の上に成立する（369条1項）からである。たとえば，会社であるLの代表取締役の地位にあるMが，会社の借入れのために，個人で所有する土地に抵当権を設定する，というように，他人の債務を担保するため自分の財産に物的担保を設定する者を**物上保証人**という（図5-2）。また，抵当権が登記されている限り，当初に抵当権の設定をしたLまたはMから抵当不動産を譲り受けたNに対しても抵当権を行使することができる。このようなNを**第三取得者**という。

| 抵当権の附従性等 |

およそ担保は，その担保する債権，つまり被担保債権とのあいだに密接な関係をもつ。被担保債権の有効な存在を前提として初めて有効に存在できる，という性質があり，これを附従性という（→■**金融再生と根抵当**）。被担保債権という親亀がいて初めて，担保権という子亀がいるのである。附従性は，抵当権に限らず，すべての担保物権に認められる性質であり，細かく分けるとつぎの三つの要素を含む。(1)被担保債権が有効に存在しないのにもかかわらずなされた担保設定行為は，無効である（成立における附従性）。AがBにお金を貸したことなどないのに，Bの家にAのための抵当権を設定する旨の登記をしても，抵当権は有効に成立しておらず，実体的有効要件を欠くから，この登記は無効である。(2)被担保債権が消滅すれば担保権も消滅する（消滅における附従性）。文字通り親亀がコケれば子亀もコケるのである。BがAにお金を返せば，BがAのために設定していた抵当権は消滅する。(3)AのBに対する債権がAからCへ譲渡されれば，この債権を担保する抵当権もCへ移る（移転における附従性）。この

性質のことを担保権の随伴性とよぶこともある。

抵当権のライフ
サイクル

抵当権をめぐる法律関係は，その設定に始まる。成立における附従性から，被担保債権が有効に成立していることが，有効な抵当権設定の前提をなす。被担保債権が弁済されると，消滅における附従性により抵当権は消滅する。もし弁済がなされなければ，抵当権者は，抵当権を実行することができる。典型的には，抵当権の実行としての**担保不動産競売**（民事執行法181条・188条）が行われるが，その手続は，まず差押えをして不動産の処分を制限し，ついで，これをお金に換える換価を経て，お金を抵当権者に渡す配当という三つの段階をたどる。換価は，買い手を募り，最も高い値段を申し出た人に売却する方法によるのが原則である。売却を受ける人を買受人という。なお，これらの手続に要する費用（執行費用）は，換価により得られたお金から賄われる（同法42条・194条）。

もっとも，抵当権が設定されてから消滅するまでは，このような順風なことばかりでもないであろう。抵当不動産を権原なく占有する者がいて，競売の成功を見込むことができないというときは，どうするか。困ったことに，そういう不法な占拠により競売妨害を画策する人々がいて，"占有屋"とよばれている（ジュリスト817号には，匿名による協力を得た占有屋へのインタビューがある）。はじめ判例は，買受人が，通常の訴訟により明渡しを請求するか，または不動産引渡命令（民事執行法83条）の発令を求めるべきであるとし，抵当権者が，占有者に対し，抵当権設定者が有する所有権に基づく返還請求権を代位行使（423条）して自分または設定者への明渡しを求めることを認めないという解釈を採った（最判平成3年3月22日民集

45 巻 3 号 268 頁）が，これに対しては，買受人が現れにくくなり抵当金融を阻害するものであるという実務界からの強い批判が出された。抵当権者のほうで民事執行法 55 条・188 条・187 条などに基づく保全処分を用い占有排除を遂げておくことにより，不動産引渡命令を申し立てなければならない買受人の煩瑣を取り除くことも，実務上の対処としては考えられるが，なお限界がある。そののち判例は，上記の解釈を変更し，抵当権者が，設定者に対し不動産の維持・保存を請求する権利を保全するために，設定者が有する返還請求権を代わって行使したり，抵当権それ自体に基づく妨害排除請求権を行使して占有排除を求めたりすることができるとするに至った（最判平成 11 年 11 月 24 日民集 53 巻 8 号 1899 頁，最判平成 17 年 3 月 10 日民集 59 巻 2 号 356 頁）。

|抵当権の優先弁済的効力|

抵当権の問題を考える際には，債権者が一人だけではない，ということを常に意識しておく必要がある。A が L に対し 400 万円の債権を有しているが，B・C・D も L に対し，それぞれ 800 万円，400 万円，400 万円の債権を有しており，これらのうち A・B・C は，L の所有する同一の土地を目的とする抵当権の設定を受けている，というような状況は，けっして珍しくない。

(1) この場合に，抵当権者である A・B・C の三人は，いずれも「他の債権者に先立って自己の債権の弁済を受ける権利」を有する（369 条 1 項）が，優先弁済の順序は抵当権の順位により定まる。そして抵当権の順位は「登記の前後による」（373 条）から，仮に登記が A・B・C の順でなされており，たとえば競売の結果として，土地が 1500 万円で売却されたものとし，また，執行費用は考慮に

入れないこととすると，AとBは債権を全額回収できるが，順位三番のCは，300万円の配当しか受けられないし，Dは，この土地からは1円の配当も受けられない。

（2）　また，Aの有する貸付債権が利息つきである場合に，その利息もいちおうは配当の対象になるが，しかし利息が無制限に優先弁済を受けられるとするとBやCが不利益を被るから，「最後の二年分についてのみ」に限定する（375条1項）ことにより債権者間の利害の調整が図られる。

順位をめぐる権利変動　もしも土地の値段が下がって1000万円になったとすると，順位三番のCは，配当を受けられないことになる。Cを気の毒に思うAが，何らかの事情から，Cも配当を受けられるように順位を交換したいと考える場合は，どうすればよいか。

（1）　まず，**抵当権の順位の変更**とよばれる方法があり，これは，順位を全面的に入れ替えることである。Cを第一順位，Aを第二順位，Bを第三順位とすれば，Cは満額の配当を受けられる。しかし，各抵当権者の利息を考えないとしても，Bに600万円の焦げつきが生ずるから，このような順位の変更はA・B・C三人の「抵当権者の合意によって」しなければならない（374条1項本文）。順位の変更は登記を効力要件とし（同条2項），177条とは異なる扱いがなされる。

（2）　Bの立場に影響を及ぼすことなく，AとCのあいだの合意のみでできる法律上の手段が**抵当権の順位の譲渡**（376条1項）である。Aが優先弁済を受けられる額の範囲内でCに配当を譲ることであり，Cが400万円，Bが600万円の配当になる。また，同様の

ことを一般債権者とのあいだでするのが**抵当権の譲渡**である。Ａが，その抵当権をＤに譲渡すれば，Ｄが400万円，Ｂはここでも600万円の配当を受け，ＡとＣは配当がない。

◆**抵当権の処分**　本文の事例を用いながらＡがＣへの抵当権の順位譲渡をするということの意味を説明しよう。ＡがＬに対し第一順位の抵当権を有するというＡ・Ｌ間の法律関係は順位譲渡があっても何ら変化せず（①），ただ，ＡとＣとのあいだでのみ第一順位で優先弁済を受ける権利の譲渡がある（②）ものと考えるべきである（相対効果的構成）。①を前提とすると，ＬがＡに弁済をすれば附従性により一番抵当権が消滅し，Ｃは順位譲渡の利益に浴しえない。ただし，順位の譲受けをＣがＬに対し主張できるための要件（377条1項）が具備されていれば，Ｃは，弁済による抵当権の消滅を否定できる（同条2項）。また，ＡがＢとＣに二重に順位を譲渡した場合のＢとＣとの優劣は，Ａの「抵当権の登記にした付記の前後による」（376条2項）。そして，これは，②の次元の問題である。

なお，債権者間の抵当権処分には，本文の二つの形態のほか放棄があり，これはＡと受益者とのあいだの按分比例による配当を認めるものである。ＣのためにするＡの**抵当権の順位の放棄**では，Ａの有する優先弁済枠から，ＡとＣが200万円ずつの配当を受け，Ｄのためにする**抵当権の放棄**ではＡ・Ｄ間で同様の扱いがなされるが，いずれにあってもＢの立場は影響を受けない。また，広い意味での抵当権の処分に含まれるものに，さらに**転抵当**があり，これは「抵当権を他の債権の担保と」すること（376条1項）である。

共 同 抵 当

土地の値段が下がるようなことがあるから，債権者としては，「同一の債権の担保とし

て数個の不動産につき抵当権を有する」(392条1項) という仕方で担保を取得することも，すくなくない。これが共同抵当である。AがLに対し有する400万円の債権を担保するため，甲土地と乙土地に抵当権を取得したとしよう。もし二つの土地を同時に競売する場面 (同時配当) があるとすると，Aは，「各不動産の価額に応じて，その債権の負担を按分する」こと (同項) で配当を受けるから，甲土地も乙土地も価額が1000万円である場合に，それぞれの土地から200万円ずつの配当を受ける。このように割り振ると，甲土地にBが後順位の抵当権を有していて，その担保する債権が800万円であるというときにも，Bは，甲土地の残額からの配当で満足を得ることができる。

また，甲土地のみが先に競売される場合 (異時配当) にAは，甲土地から債権全額の400万円の配当を受けることができる (392条2項前段)。そうすると，Bは，さしあたり甲土地からは600万円の配当しか受けることができないが，同時配当であったならばAが乙土地から配当を受けるはずであった200万円を限度として，Aが有していた抵当権に代位して配当を受けることができる (同項後段。この例では，ちょうど限度額の200万円の配当によりBが満足を得ることができる)。

| 抵当権と賃貸借 |

抵当権の目的である不動産が賃貸借の目的とされる場合の抵当権の実行に伴う賃貸借の消長は，抵当権と賃貸借との順位関係，すなわち両者の対抗要件具備の先後により定まるのが原則である。Aの所有する建物にBのための抵当権が設定され，他方，この建物には，Aから建物を賃借したXが居住しているという場合に，抵当権実行により建物

の所有者となったCが，Xの賃貸借上の権利を否定してXの建物退去を請求することができるかは，Bの抵当権とXの賃貸借との優劣により決まる。もしXが建物の引渡し（借地借家法31条）を受けたのちにBが抵当権設定登記を経由していたのであれば，賃貸借のほうが優先し，Xは，居住を継続することができる。問題であるのは，これとは時間的順序が反対になる場合である。Xが賃貸借の契約をして入居をする際に，実際上，抵当権の登記がある不動産登記簿の内容を正確に把握する機会が必ずしも確保されるとは限らない。また，たとえ抵当権の存在を知っていたとしても，Cによる退去請求の時点で病臥し，または，自分もしくは家族の出産がまぢかであるといった事情から，即刻の退去を求めることが適切でない，という事態も考えられる。そこで395条は，Xの賃貸借が劣後する場合について，Cからの建物明渡請求に対し，6か月のあいだ，Xの建物の明渡猶予を認めるものとする。

　また，比較的規模の大きな建物を事業に用いるために賃借しようとする者などのことを考えるならば，建物に抵当権の設定がある場合には，賃借を躊躇したり，賃借をしたとしても積極的な資本投下を控える，ということになりかねない。**抵当権者の同意に基づく賃貸借の対抗**の制度は，このような局面の打開に途を開くものである。この制度により，「登記をした賃貸借は，その登記前に登記をした抵当権を有するすべての者が同意をし，かつ，その同意の登記があるときは，その同意をした抵当権者に対抗すること」ができる（387条1項）。Aが所有する建物を目的として，Bが順位一番の，また，Dが順位二番のそれぞれ抵当権を有し，これらの抵当権の設定登記がなされたあとでXがAから建物を賃借した，という場合において，Xが賃貸借の登記をし，かつ，抵当権に対する賃貸借の対抗に

B・Dが同意した旨を示す登記（登録免許税法別表第一の一／（九））
がなされた場合には，Xは，賃貸借の登記に記録された契約内容の
賃貸借をもって，競売に際して現れた買受人に対し対抗することが
できる。

法定地上権　　Aが所有する甲建物が，やはりAが所有
する乙土地の上に所在するという場合にお
いて，Bが乙土地に抵当権の設定を受け，その実行によりCが乙
土地の所有権を取得した場合に，Aには，困った問題が起こる。
乙土地を使用する権原がなければ，甲建物を収去しなければならな
くなる。それでは困るから，この場合には，CがAのために地上
権を設定したものとみなされる（388条）。これを法定地上権という。

　もっとも，それは，Bの立場から見るならば，法定地上権という
負担を伴う乙土地を高く売ることができないから，担保価値が十分
でない，ということになる。そこで，ふつうは甲・乙の不動産を共
同抵当で担保に取る。そして判例は，Aが甲建物を取り壊して丙
建物を築いたというような場合にも，丙建物についてBのために
同一順位内容の抵当権が設定されるのでない限り，法定地上権の成
立は認めないとしている（最判平成9年2月14日民集51巻2号375頁）。

物 上 代 位　　AがBの所有する建物に抵当権を取得し
ていた場合において，この建物が火災で焼
失したときは，抵当権は消滅する。もし，この火災が放火により生
じたものであるときは，Bは，犯人に対し損害賠償請求権（709条）
を取得し，そしてAは，この損害賠償請求権を差し押さえること
により，賠償金を自分の債権の優先弁済に充てることができる。担

保目的物に売却・賃貸・滅失・損傷があった場合に，設定者の取得する債権に担保権者がこのような権利を行使できることを**物上代位**といい，抵当権のみならず，先取特権と質権にも認められる（304条・350条・372条）。抵当不動産が賃貸されているときに，抵当権者が賃料債権の上に物上代位することができるかは，抵当権が非占有担保であることとの関係で論議があるが，判例は，設定者による利用を阻害することにはならないことなどを理由として，これを認めた（最判平成元年10月27日民集43巻9号1070頁）。

　　昇平　抵当権の法定果実に対する効力を，あとで説明すると言っていたのは，このことだったんだね。

　　文代　さらに2003年の民法改正では，担保不動産収益執行という手続も作られたわ。

　　昇平　ここまで抵当権の勉強をしてきたけれど，本当にいろいろな問題があるなぁ。ちょっと疲れてきたな。

　　文代　これでもまだ，基礎的な事項に絞って勉強するという，この本の趣旨を考慮して，取り上げる内容は，大幅に抑制されているのよ。法定地上権とか共同抵当は，抵当権の作用を考えるうえで，理論的にも実務的にも大切な制度だけれど本書では簡単にしか扱うことができなかったわ（読書案内）。さあ，担保物権の勉強も，もう少し。がんばりましょう。

担保不動産収益執行　抵当不動産から得られる果実に対する抵当権者の権利行使を可能とする手続として，**担保不動産収益執行**がある（民事執行法180条2号。また359条参照）。

Bが所有する建物にAのための抵当権が設定され，また，XがB
から建物を賃借した，という場合において，Aは，物上代位によ
りBのXに対する賃料債権を差し押さえることができる。しかし，
[1]賃借人の入れ替わりが頻繁である不動産などにあってはAがX
を誰何することができないため債権執行手続をとることに実際上困
難があることがありうるし，また，[2]Xが建物の不相当な使用を
するときに用方違反を理由として賃貸借契約を解除する権利はB
に帰属するのであって物上代位権の行使としてAがなしうるとい
うことは考えられず，さらに [3]建物に空室が生ずるときに新しく
賃貸借を成立させることも物上代位によっては達成することができ
ない。

　担保不動産収益執行は，こうした問題を克服するために設けられ
た制度である。この手続を申し立てることができる者は，不動産に
ついて抵当権を有する者のほか，先取特権を有する者および質権を
有する者である（民事執行法181条参照）。このようにして開始され
る担保不動産収益執行においては，まず裁判所は管理人を選任する
（民事執行法94条・188条）。この管理人は，天然果実を収穫し（同法
93条・188条），不動産を管理し占有する権能の一環として賃貸借契
約に関する解約申入れ・更新・更新拒絶などに係る事務を処理し
（同法95条・96条・188条），また，短期であれば不動産を賃貸する
ことができる（同法95条2項・188条）。

　このようにして抵当権者など担保権者が目的不動産の収益に対し
効力を及ぼすことの実体的な根拠を明確にする見地から，民法は，
「抵当権は……担保する債権について不履行があったときは，その
〔不履行の〕後に生じた抵当不動産の果実に及ぶ」と定める（371条・
341条・361条）。

☛　金融再生と根抵当 〰〰〰〰〰〰〰〰〰〰〰〰〰〰〰〰〰〰〰〰〰〰〰〰〰〰〰〰〰〰〰〰〰〰

　附従性の制限という特色をもつのが，根抵当権です。継続反復して信用を授受し合う銀行と商人のあいだのように特定当事者間に生ずる「一定の範囲に属する不特定の債権」を担保するものであり（398条の2第1項），抵当権者による差押申立て（398条の20第1項1号）などにより元本の確定が生ずるより前の段階では，附従性がなく，したがって根抵当権は，消滅しません。ある融資を返済しても抵当権は消滅せず，銀行は，順位を確保できることになります。便利な仕組みですが，金融再生の時代には工夫も必要になります。まず，むかしは考えられなかった銀行の倒産が起きたとき，それが取引の終了（398条の20の旧規定1項1号）による元本確定となるかが，新しい論点として問われました。さらに，銀行の合併や事業譲渡に際しては，銀行が取得していた根抵当権について，元本確定や移転の登記手続の円滑を講ずることも求められます（1998年のいわゆる金融国会〔第143臨時会〕で成立した「金融機関等が有する根抵当権により担保される債権の譲渡の円滑化のための臨時措置に関する法律」は，この問題への対処のためのものでした。その後，2003年の民法改正により，取引の終了は元本確定事由から外され，また，根抵当権者からの元本確定請求とそれに伴う登記の単独申請が認められることとなりました。398条の19第2項，不動産登記法93条）。

　📖　**読書案内**　日本の経済発展を支えたツールの一つは，抵当権である。いまそれは，不良債権処理や証券化などの新しい課題への対応を求められてもいる。法定地上権（388条，関連して389条）と共同抵当（392条・393条）は，いずれも，その抵当権の学習において重要な制度であるが，やや高度な内容であるから，本書では基本的な事項しか扱っていない。さらに学びたい読者のために，巻末の著者紹介に掲げる『ひとりで学ぶ民法』のStage 2のNo.3とNo.10の演習問題を紹介しておく。また，これも本書で詳しく触れる余裕がないが，実務上重要である根抵当権については，鈴木禄弥『根抵当法概説』（第3版，1998年，新日本法規）。

② 先取特権

先取特権とは　先取特権の意義は，303条に規定されている。同条によると，先取特権は，法律の定める一定の要件の下に債務者の財産から債権者が優先弁済を受けることのできる物権である。先取特権の特色を二つ挙げるとすれば，一つは**法定担保**であることであり，もう一つは優先弁済的効力を中心とする担保物権である点である。まず，先取特権は，「法律の規定に従い」成立する担保物権であるから，法定担保物権であり，ひとしく優先弁済請求権を本質としながらも約定担保である抵当権とは大きく異なる。また，先取特権は「他の債権者に先立って自己の債権の弁済を受ける権利」を与える物権であり，この点が，同じ法定担保物権でも優先弁済請求権がない留置権とは違うところである。

動産売買先取特権　先取特権のなかで実務上特に重要であるのが**動産売買先取特権**であり，これに基づき，代金の支払を得ていない動産売主が，売買目的動産について優先弁済権を有する（321条）。目的動産の所有権が第三者に売却されて引渡しも済んだ場合には当該動産の上へは先取特権を行使することができなくなると考えられている（333条）が，買主が第三者に対し取得した代金債権には物上代位ができる。ただし，売主は，物上代位をなすためには，代金債権を差し押さえなければならない（304条1項ただし書）。この差押えは，代金債権が他の債権者に差し押さえられたり買主が破産手続開始の決定を受けたりした場合でもすることができるとされている（最判昭和59年2月2日民集38巻3号431頁）。

3 留 置 権

┌─────────────┐
│   留置権とは │
└─────────────┘

　　留置権は，ある物に関して生じた債権がある場合において，その物が債権者の占有下にあるときには，債権の弁済を受けるまで債権者が物の返還を拒みうる権利である（295条1項本文）。注文を受け時計を修理した者は，報酬の支払を受けるまでは，時計の引渡しを拒否することができる。留置権の特色は，一つは法定の担保物権であることであり，もう一つは留置的効力を中心とする担保物権であることである。留置権は，四つの要件を充たすときに成立する。すなわち，①留置権者たるべき者が他人の物を占有していて，かつ，②占有されている当該の物に関して生じた債権を有しており，そして③その債権の弁済期が到来しており，しかも，④債権者の占有が違法なものでないことが，留置権の要件である。法文上の根拠は，①と②が295条1項本文，③が同項ただし書であり，また，④は同条2項の適用または類推適用から導かれる。AがBに売った物をBがさらにCへ売ったという場合の，AのBに対する代金債権は，BのAに対する目的物の引渡請求権と同一の法律関係から生じたものであり，Aは，Bに対してはもちろん，Cに対しても，代金の支払を受けるまで物を留置することができる。これとは異なり，Aが，Bへ売った土地をMへも二重に譲渡してMが移転登記を経由した場合には，Bは，Aに対する損害賠償請求権（415条1項・2項1号）に基づく留置権を主張してMからの引渡請求を拒むことはできない（最判昭和43年11月21日民集22巻12号2765頁）。ここでは，もし留置権を認めるとするならば，177条が定める対抗問題の処理が実質的に覆される結果となることに注意すべきである。

295 条 2 項は，債権者の占有が不法行為に
より始まったものである場合には，留置権
は，成立しないと定める。判例は，同項を
類推適用して，占有の開始が不法な行為を契機とする場合のみなら
ず，はじめは適法であった占有が後に不法なものになった場合にも
留置権の成立を否定する。賃貸借が終了しても賃借目的物を占有し
続ける賃借人が，その物について費用を支出した場合に，判例は，
この類推解釈により留置権の成立そのものを否定する（最判昭和 51
年 6 月 17 日民集 30 巻 6 号 616 頁）。これに対しては，いちおう留置権
の成立を認める学説があり，その考え方では，196 条 2 項ただし書
や 608 条 2 項ただし書に基づいて裁判所が期限を許与した場合にの
み留置権を否定すればよい（要件の④ではなく③で問題を処理する）と
いう前提がとられる。支出のあった費用が必要費である場合には期
限許与の制度がなく（196 条 1 項・608 条 1 項参照），しかも，その場
合において不法な占有を続ける占有者が留置権を行使できるという
結果は妥当でないから，判例理論が妥当であると考えられる。

4 質　権

質権とは

質権（342 条）と抵当権は，いずれも約定
担保物権である点で共通するが，質権が占
有担保であるのに対し抵当権が非占有担保であるところは大きな相
違点であり，また，目的物の範囲なども異なる。質権は**占有担保**で
あり，その設定に際し目的物を質権者に引き渡さなければならず
（344 条），また，この引渡しは，占有改定（183 条）でしてはならな
い（345 条）。抵当権と異なり，目的物が不動産などに限定されない
から，目的物の種類ごとに検討すべき問題がある。

動　産　質　動産を目的とする質権は，効力要件が引渡しであるうえに，目的動産の継続占有が対抗要件であるとされる（352条）。質権者は，占有を侵奪された場合に，質権に基づく返還請求権（物権的返還請求権）は認められない（353条参照）が，占有回収の訴え（200条）を提起することにより対抗要件を失わなかったものとの扱いを受けることができる（203条ただし書）。

不　動　産　質　不動産質権を設定する場合にも，設定者は，目的物を債権者に引き渡さなければならず（344条），この引渡しを占有改定の方法により行ってならないこと（345条）は，動産質権と同じである。不動産質権の設定が，動産質権のそれと異なるのは，登記が対抗要件とされることであり（177条），また，設定契約の内容に対する制約として，存続期間の制限（360条）がある。

権　利　質　民法は，362条から366条までにおいて権利質について定めている。権利質とは，「財産権を……目的とする」質権をいう。AがBに対し有している金銭債権というものも，有体物ではないが，一つの財産権であり，AがXから融資を受けるにあたり，この債権を質に供することができる。権利質の目的となしうる財産権は，いま挙げた金銭債権に限られず，地上権や永小作権などの民法上の制限物権や，著作権のような特別法上の権利も含む。債権の上への質権の設定を第三者に対抗するためには，原則として，467条2項が定める指名債権の譲渡と同様の方式を履むことが必要である（例外は，動産及び債権の譲

渡の対抗要件に関する民法の特例等に関する法律14条)。すなわちAが，Bに対する指名債権をXへ質入れする場合には，確定日付のある証書をもってするAからBへの通知，または，Bによる承諾のいずれかが，なければならない（364条)。これらの対抗要件が必要とされるのは，そうでないと，Bが質入れの事実を知らないことになるのみならず，複数の債権者に質入れが行われる場合の順位関係も決まらなくなるからである。そして，このような趣旨から考えるならば，通知・承諾は，質権者がXであることを特定して行わなければならないと解される（最判昭和58年6月30日民集37巻5号835頁)。

5 譲 渡 担 保

物権法定主義

ここまで四つの担保物権を学んだ。第2章2①では，これも四つの用益物権を学んだから，民法の定める制限物権は，全部で八つである。これらを民法が列挙する趣旨は，どういうものであろうか。549条以下に契約の列挙があるが，これとは意味が違う。契約法の世界は，契約自由の原則が支配するから，後者は例示列挙であり，当事者が例示にない形態の契約を，いわばオーダー・メイドですることは，それが公序良俗に反しない限り，自由である。これに対し，物権法は，定食しか出さない食堂と同じであり，「物権は……法律に定めるもののほか……創設すること」が禁じられる（175条，制限列挙)。やたらに勝手な物権を作られると取引の安全が害されるし，封建時代の土地所有にみられたような前近代的な物権を作られることも困る。物権の法は，それだけ公序性が強い。ただし，禁じられるのは，当事者の法律行為による新しい物権の"創設"であり，取引の実態において慣習により物権が"生成"することは，それが公序良俗に反しな

い限り許容される（法の適用に関する通則法3条参照）。そのようにして取引界において生成した担保手段の一つに譲渡担保がある。

譲渡担保とは　債権の担保として財産権を債権者に譲渡しておくことを**譲渡担保**とよぶ。たとえば債務者が，その所有する財産を債権者に譲渡したことにし，債務が弁済されたときは，財産は債務者に復帰し，反対に，もし弁済がなされない場合は，目的財産は確定的に債権者に帰属させる（譲渡担保の実行），という仕方で譲渡担保の法律関係は展開する。このような担保の形態には，二つの大きな意味がある。一つは，担保目的財産を競売に附することなく担保権の実行ができる（公的競売手続の回避）。競売は，しばしば費用と時間がかかり，また必ずしも適正な価格での換価を保障しないから，競売をしないですむことは，譲渡担保の一つの有用性となる。もう一つは，所有権の所在が目的物の現実的な占有利用と一致する必要がないことに着目した利点であり，債権者に所有権を移転しても，設定者が引き続いて占有利用をなしうる途が開かれる（非占有担保の可能性）。この機能は，「占有を移転しないで」設定することが可能な抵当権（369条1項）がある不動産についてはともかく，債権者が「受け取った物」を目的とする質権（342条）しか認められていない動産については非常に大きな意義がある。

清算義務　譲渡担保の実行に際しては，必ず清算をしなければならない（最判昭和46年3月25日民集25巻2号208頁）。**清算**とは，被担保債権と目的物の価額との大小を明らかにし，後者が前者を上回る場合に，その差額を債権者が

設定者に支払うことをいう。当事者が清算しない旨の特約を結んでも，それは，譲渡担保という制度の基本趣旨に反し，無効である。また，設定者は，特段の事情がない限り，清算金支払との引換えでのみ目的不動産を引き渡す旨の主張をなしうる（前掲最判昭和46年3月25日）。また，設定者は，清算金の支払があるまでは，被担保債権額を債権者に支払って目的物を受け戻すことができる。仮登記担保契約に関する法律11条が定めるのと同様の制度であり，同条ただし書を類推して，譲渡担保についても**受戻権**が5年の期間制限に服すると解されている（同法律が定める**仮登記担保**の制度は，譲渡担保と似るが，ふつう不動産の譲渡担保を設定するときには債権者への所有権移転の本登記がなされるのに対し，同一不動産について複数個を行うことが可能な仮登記を用いることにより，複数の債権者に担保として供することができる）。

集合動産譲渡担保

ある特定の倉庫のなかに存在する動産類の全部を譲渡担保に供しようとする場合に，もし仮に動産類が所在を変えないで恒久的に倉庫のなかに置かれているというときであるならば，問題は少ない。特定動産の譲渡担保の目的物が複数になったと考えればよいからである。問題は，動産類が流通を予定する商品である場合に生ずる。譲渡担保設定時に存在していた商品のうちの一部を売却するときには，その商品を譲渡担保の負担から解放し，他方，新しく倉庫に入ってきた商品を譲渡担保の目的にする，という一連の法律関係をどのように説明するかは，大きく分けて二つの考え方がありうる。一つは，個別の商品を単体として捉え，一個一個の商品がそれぞれ倉庫に入るごとに随時に個別の譲渡担保の設定があり，また，売却されたときには，同じ

く随時に譲渡担保の解除があると考えるものである（分析論）。もう一つは，流動を予定する倉庫内の商品類の全体を一個の集合物として把握し，一度の法律行為により集合物上に譲渡担保の設定があったと考えれば十分であり，個別の商品の流入と離脱は，それら自体としては，いちいち法律行為に基づくものではなく，担保の目的である集合物に事実上生ずる変動にすぎないと説く（集合物論）。

　分析論によったのでは，個別の商品の流入の時に債務者の資力が悪くなっている場合は，その時点で行われたと考えられる譲渡担保の設定が，424 条により取り消されるおそれが出てくるのに対し，集合物論では，はじめの集合物上への譲渡担保設定にさえ問題がなければ，個別の商品の流入に伴って生ずるそれら新しい商品への譲渡担保の効力が同条で覆されることはない。なお，譲渡担保の設定に際しては，担保の目的となる商品が，他の物と識別できるように，その範囲が十分に特定されなければならない。十分に特定されたといえるためには，判例は，種類と場所と量的範囲の三つの要素が明らかになっていなければならないとする（最判昭和 54 年 2 月 15 日民集 33 巻 1 号 51 頁）。

　ある文具問屋が譲渡担保の設定者である場合において，設定者が使用する「東京都港区某地所在第一倉庫内の某社製鉛筆全部」を目的とする譲渡担保という例で言えば，倉庫の特定により場所が明らかになったことになり，「某社製鉛筆」というふうに種類が，そして「全部」という仕方で量的範囲が明らかにされたことになる。

　流動集合動産譲渡担保は，とりわけ中小企業が，"在庫貸し"とよばれる方法で資金を調達するうえで重要である。2004 年に動産譲渡登記の制度が設けられ（動産及び債権の譲渡の対抗要件に関する民法の特例等に関する法律 7 条），民法が定める占有改定などの手段のほ

かに，登記により譲渡担保の設定を公示する途が開かれたことは，こうした要請に応えるための法律的基盤の整備の一環である。

◆流動集合動産譲渡担保と動産売買先取特権　設定者が管理する倉庫の内にある一定種類の商品が集合物として譲渡担保の目的とされた場合に，設定者に当該種類の商品を売った者の有する 321 条の先取特権と集合動産譲渡担保とは，いずれが優先するか。判例は，倉庫への商品の搬入があったことで，譲渡担保権者が占有改定により引渡しを受けたものと捉え，333 条により先取特権の追及効が失われるとして，譲渡担保権に基づき先取特権者が申し立てる競売を排除することができると解する（最判昭和 62 年 11 月 10 日民集 41 巻 8 号 1559 頁）。学説には，これに反対し，譲渡担保を動産質権と同様の処遇に服せしめることとして 334 条を類推する見解も唱えられている。後者の見解の下では，先取特権が次順位で存続し，また，例外的にせよ，譲渡担保に優先する可能性が開かれる（330 条 2 項前段）。

📖　**読書案内**　本文では説明を及ぼすことができなかったが，社会的に重要な役割をもつ先取特権として，雇用関係に基づいて生ずる債権のためのそれ（308 条）がある。

　2003 年の民法改正により被担保債権の範囲が拡大されるより前の問題状況について，徳住堅治「労働債権の実体上・手続上の処遇の在り方」法律時報 74 巻 8 号（2002 年）を見よ。2004 年の動産譲渡登記の制度の創設に至る論議の経緯を知るうえでは，別冊 NBL 86 号『新しい担保法の動き』（2004 年）が有益である。

　また，金融法務事情 2000 号の記念特大号（2014 年）は，担保法全般について今後の課題を展望するうえでの示唆を与える。

第**6**章 代理
——そして法律行為を学ぶ

契約は，申込みと承諾という複数の意思表示を要素とする法律行為である。これに対し，取消権を行使する旨の意思表示のように，相手方の承諾を必要とせず，一方的な意思表示により成立する法律行為もある。ある財産を一定目的に提供する財団法人設立行為も，やはり一個の意思表示のみを構成要素として成立する。本章では，代理を学んだあとで，法律行為の多様なありようを観察しておく。

1 代理制度——その便利さと危うさ

代理とは

本人に代わって契約などの法律行為をなす権限（**代理権**）を与えられた者が本人に代わって行為をしたときに，その行為の効果を本人に帰属させる制度が，代理である。Aという人が土地を持っている場合に，代理権を与えられたBが，Aのために，Cとのあいだで売買契約を成立させたときには，この契約は，AとCとのあいだに成立したものとして扱われる。このような**代理**のコンセプトの骨格を示すのが，99条1項である。

なぜ代理が必要か

権利や義務の変動は，当事者の意思に基づいて生ずることを原則とすることが私的自治の原則であったが，この原則と代理制度とは，どのような関係に

立つか。本人でない者のした行為の効果が本人に帰属するのであるから、一見すると代理制度は私的自治の原則に対立するようにみえる。しかし、たとえば、本人が未成年者などであるときには、本人の意思により法律行為を処理することが必ずしも期待できないから、これに代わって財産を管理し、その一環として、本人のために契約をする人（824条・859条）を設ける必要がある（**法定代理**）。また、本人が制限行為能力者でない場合にも、たとえば不動産の売却をしようとするときに本人が、不動産取引の知識・経験に乏しく、自身で取引をすることに自信がないとか、あるいは非常に多忙であったり健康を害したりしていて自身で取引を進めることが困難である場合に、代理人を通じてであれば、円滑な取引の成立を期待できるであろう。ここでは、本人の意思により代理人に取引の成立が託されているのであり、民法の法文は、この形態の代理を「委任による代理」とよぶ（104条・111条2項）が、学問上は**任意代理**ともよばれる。

任意代理と法定代理　このように、すくなくとも典型的には、法定代理は、行為能力が制限される者のために法律が定める要件のもとで開始される代理であるのに対し、任意代理は、本人の任意の委託により行われる代理である。しかし、高齢者の財産管理の問題を中心的な課題意識に置いて行われた1999年の民法改正ののちにあっては、両者のあいだに概念の接近や機能の交錯がみられる。まず、第1章**3③**で学んだように、法定代理関係においても、その発生そのもの（876条の4第2項など）や代理人の選任（840条3項・843条4項など）において本人の意向が影響する余地がある（→◆**法定代理概念の変容**）。また、任意代理のほうにおいても、**任意後見契約**の制度が創設されたことに注意をしなけれ

ばならない。任意後見契約は，将来の判断能力の衰えに備え，あらかじめ公正証書による契約により，後見人を選んでおくものである（任意後見契約に関する法律2条1号・3条）。指定された後見人は，本人の事理弁識能力が不十分になった段階で，家庭裁判所が選任する**任意後見監督人**の監督のもとで，後見の事務を行う（同法2条4号・4条1項）。事務が適正に遂行されている限り，家庭裁判所は，後見・保佐・補助の開始審判を基本的には差し控えることとし（同法4条2項・10条参照），半面，財産管理が失当であるときは，**任意後見人**を解任して行為能力制限の制度を発動させるなどすることが想定されている（同法8条）から，ここでは，まさに法定代理と任意代理の制度の相互調整が構想されている。行為能力の制限は第1章で学んだから，本章においては，任意代理，それも任意後見契約によるのではない典型的な任意代理に焦点を置いて考察を進めることにしよう。

　　◆**法定代理概念の変容**　　法定代理は，伝統的には，(1)法律の定める要件の下に当然に代理権が生じ（任意代理における代理権授与行為のように本人の意思的関与を要しない），(2)成立する代理権の範囲は包括的であって，利益相反行為のような特殊なものを除いては，財産上のすべての事項に代理権が及ぶ，という特色をもっていた。たとえば，1999年に改正されるより前の民法における禁治産者に附される後見人の権限は，このようなものであった。このような法定代理概念の物差に照らして，すでに上記改正前から存したものとして，夫婦の日常家事代理権（761条参照）は，法定代理と任意代理との性格を交配したものとしての特色をもっており，表見代理の成否において特別の考慮を求められることも，このことと無関係ではない。すなわち，(1)の点は，婚姻に当然に附随する効果ではあるものの，婚姻という行為そのものは意思的な行為であるし，(2)

の包括性の点では，「日常家事」の範囲という制約がある。

1999 年改正後の民法においては，法定代理の中核をなす諸場面それら自体において，変容が見出される。代理権の発生それ自体（876 条の 4 第 2 項・876 条の 9 第 2 項）または代理権発生の可能性を開く状況に入ること（17 条 2 項）について，本人の意思に反しえないものとされる場合があり，また，しばしば代理権は，法律上当然にではなく裁判所の個別の審判により与えられる（876 条の 4・876 条の 9）ことは，(1)の関係で見出される変容である。また，代理権行使にあたり本人の意思の尊重や裁判所の許可が求められたりすること（840 条 3 項・858 条・859 条の 3・876 条の 5・876 条の 10）は，法定代理権の包括性（(2)）から単純には説明することができない。

表見代理との関係においては，従来，(1)の要素があることが本人の帰責性との関係で特別の検討を要したことは，今後も基本的には変わらないが，上記のような制度の変遷には留意する必要がある。(2)の関係では，後見等の登記（後見登記等に関する法律でその仕組みが定められている）による代理権情報の提供可能性が，表見代理の要件としての相手方の主観的容態の認定判断に関わるし，本人の意思を尊重しない代理権の行使が，その濫用とされる余地も考えられる。

代理人のコントロール　代理という制度は，便利なものである半面，本人でない者のした行為の効果が本人に帰属するのであるから，代理人が本人に忠実に働くようでなければ本人の利益が害される。法定代理では，本人自身による代理人のコントロールということが必ずしも期待できないから，公的な監督（834 条・834 条の 2・835 条・846 条・863 条）が重要である。任意代理においても，たとえば家主の A に代わって不動産業者の B に賃貸借契

約（601条）の締結を任せた場合においても，AとBとのあいだの特約で，実際に契約を結ぶときにはBはAと協議をする旨を定めることはできるし，そうすることにより本人による代理人のコントロールが一定程度において可能になる。Bは，代理人であるから，誰に貸すか，家賃はいくらにするか，を決めることができ，ある人との賃貸借の契約をたとえBがAに相談しないでしたとしても有効である。この点において，Aの意思表示をそのまま伝達する機関にすぎない**使者**とは異なる（→◆使者）。しかし，Bが特約に背きAに相談しないで契約をしたときは，Aは，Bに対し損害賠償責任を問うことができる（415条1項）。

◆**使　者**　Xが，Aから，Aの所有する土地を600万円以上の代価で売却するようにとの依頼を受けて，Bに対し，Aのためにする趣旨であることを明示しながら，上記の土地を代金800万円で売りたい旨を申し込み，Bがこれを承諾する場合は，かかる内容においてA・B間に有効に売買が成立する（99条1項）。これが，代理の法律関係であり，ここでは，代金を800万円にするという具体的な法律的効果意思を決定したのは（代価を600万円以上の額としなければならないという代理権の範囲に対する制約はあったにせよ）代理人のXであり，けっして本人のAではない。これに対し，Aが，土地を代価800万円でBに売りたいのでその旨をBに伝えよとYに指示し，Yは，受けた指示の通りにこれをBに伝達したという場合は，Yは，法律的効果意思の形成に何ら関与しておらず，これを代理人と区別するため，《使者》とよぶ。そして仮に，代理人であるXが代理権の範囲を超えて，Bに土地を400万円で売った場合は，110条が定める表見代理の問題になる（同条により善意無過失であればBは保護される）のに対し，使者YがBに土地を400万円で売りたい旨を伝えることは，Aがした意思表示についての

錯誤の問題となり，Ｂが承諾をしてもＡは売買を取り消すことができる（95条1項1号）とするのが，古典的な考え方であった。近時は，しかしながらむしろ，類似の事情にある二つの事例が代理人か使者かの違いにより大きく結果を異にするのはおかしいとし，使者にも110条を類推適用する考え方が有力である。

自己契約・双方代理・利益相反行為

さらに民法は，代理人が本人に忠実に行為するという原則を徹底させるため，いくつかの制度を用意している。家主から入居者を探すように求められたＢが，自身を入居者とする契約をすること（「同一の法律行為について，相手方の代理人として」代理行為をすること＝**自己契約**）や，ＢがＡとＣの両方の代理人となってＡ・Ｃ間の契約を成立させること（「同一の法律行為について……当事者双方の代理人として」代理行為をすること＝**双方代理**）は許されず，仮にこうした形態の代理行為があった場合にそれは，のちに学ぶ無権代理行為として扱われる（108条1項）。また，代理人は，本人と「利益が相反する行為」は，することができない（同条2項・826条・860条）。

能働代理と受働代理

代理人が本人に代わって契約をするというときの契約も申込みと承諾の合致で成り立つ。本人のＡに代わって代理人のＢがＣに対し申込みをした場合に，Ｃのなす承諾は，Ａに対してなすのでもよい。また，Ｂが，承諾を受領する権限を与えられている場合は，Ｂに対してなした承諾によっても契約は効力を生ずる。99条2項が規定しているのは，この場面であり，これを**受働代理**とよぶ。これと区別する意味で代理人のほうから積極的に代理行為をする場合を**能働代理**という。た

だし，ふつうは代理人は，意思表示をする権限と受け取る権限の両方を与えられているであろうし，その場合には能動代理と受働代理の区別に神経質になる必要はない。

② 代理の基本的法律関係

"代理の三角形"

代理の問題を考える際には，必ず三人の登場人物が出てくる。本人と代理人と相手方である。そこで，代理の問題は，この三人をつなぐ三角形を書き，その三辺を順に考察するという方法をとるとよい。

図6-1　代理の三角形

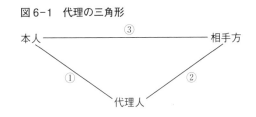

たとえば任意代理は，まず何よりも，本人が代理人となるべき者に代理権を授与する旨の法律行為（**代理権授与行為**）をなすことを起点として法律関係が始まる（図の①，三角形の第一辺）。これが，任意代理の特徴であり，代理権が法律の定めるところに従って生ずる法定代理においては，代理権授与行為というものを考えることができない。これに対し，任意代理においては，有効な代理権授与行為があれば，これにより代理権が発生するから，代理人は，この代理権に基づいて相手方とのあいだで法律行為（**代理行為**）をなすことができ（図の②，三角形の第二辺），その効果は「本人に……直接に」帰属する（99条1項。代理行為の効果の本人への帰属，図の③，三角形の

第三辺）。たとえば，Ａが，その所有する土地を代価 600 万円以上で売ることをＢに委託する（代理権授与行為）という場合に，Ｂが，その土地を 1000 万円でＣに売る旨の売買契約を成立させた（代理行為）ときには，Ｂの行為は「権限内において」なされたものと認めうる（99 条 1 項）から，この売買契約は，本人であるＡが締結したのと同様の扱いを受ける（代理行為の効果の本人への帰属）。

| 代理権授与行為 |

さっそく三角形の三つの辺を一つずつ検討してゆくことにしよう。第一辺は，代理権授与行為である。任意代理においては，本人が代理人となるべき者に代理権を与える行為が出発点となる。代理権授与行為をどのような性質の行為と考えるかをめぐっては，大きく分けて，代理人たるべき者に本人が代理権を与える旨の一方的な意思表示により代理権が発生するという考え方（単独行為説）と，両者の契約により代理権が発生すると説く考え方（契約説）とが唱えられている。これらのうち，単独行為説のもとでは，代理権は，本人の一方的な意思表示により発生する。代理人たるべき者が，この意思表示を受領することは必要であるが，その同意は必要がない。たしかに代理人となるべき者は，代理権という権限を取得するにすぎず，代理権の行使を欲しないのであれば行使しなければよいだけのことである，といえなくもないであろう。しかし，代理権の発生という重要な法律関係が一方当事者の意思とは無関係に成立するというのは，実際の意識に照らし，不自然さが残らないでもない（あなたが一度も会ったことのないハリソン・フォードに「あなたを私の代理人にします」と書いた手紙を送ると，それで彼があなたの代理人である，ということになる）。民法の規定では，任意代理は**委任契約**（643 条）を基盤として成立する

という想定が前提とされているらしいこと（104条・111条2項）も考えると、代理権授与行為は、一つの契約であるというのが素直な理解であると思われる。

代 理 行 為　三角形の第二辺は代理行為である。代理人のBが本人のAに代わって、たとえば、Cとのあいだで売買契約を結んだ場合に、この、売買契約を結ぶ、という行為が代理行為である。これについては、**顕名主義**という重要な原則がある。顕名とは「名」を「顕らか」にすることであるが、誰の名を顕らかにするのか、といえば、それは、本人の名である。代理行為は、Aという「本人のためにすることを示して」なされなければならず（99条1項）、これをしないでBのした行為は、原則としてB自身のためにした行為（Bを当事者とする契約）として扱われる（100条）。これを避けるためには、Cと会ったBは、自分のための契約をするために来たのではなく、Aの代理人として来たものであるということをCに告げなければならない。もっとも、このようにして行われる代理行為は、代理行為であるという特殊性をもっているにしても、代理人のBのした行為であることには変わりがないから、意思表示の効力について表意者の主観的容態（ある事実を知っているかいないか、など）が問題となる場合には、原則として代理人のBが基準となる（101条）。CがBを欺罔して成立した契約は、Aが自身は欺罔されていなくても、Aは、96条1項により、この契約を取り消すことができる。また、BがCを欺罔した場合は、それにAが関与していなかったときでも、AとBは一体とみられるべきであるから、Cは、Aに対し、成立した契約を取り消すことができる（Bを96条2項の「第三者」として扱う解釈は適当

でない）。

代理行為の効果の帰属　三角形の第三辺に進もう。代理人のＢのした代理行為の法律効果は，「本人に対して直接に……効力を生ずる」（99条1項）。本人のＡは代理行為に関与していないのに，Ａを売主とする売買契約が成立するということにこそ代理という制度の意味がある。ただし，例外的には，本人への効果帰属を否定しなければならない可能性を検討するべき場面も，なくはない。それが**代理権の濫用**の問題である。たとえばＢの代理行為によりＡとＣのあいだに売買契約が成立するならば，ＣはＡに代金を支払うことになるであろう。もしも，この契約を成立させる際にＢが，代理人として受け取るであろう代金をＡに渡さないで着服する意図をもっていた，という場合に，それでも代理行為は有効であるというべきであろうか。「代理人が自己……の利益を図る目的で」した不正常な代理権の行使であり，その効力を否定したい気持ちにとらわれるけれども，原則としては有効としなければならない。Ｂの行為は形式上は適法な「代理権の範囲内の行為」であり，Ｂの意図にＣが気づいていない場合にＣに不測の不利益を及ぼしてはならないからである。そこで，このような場合には，Ｃが，Ｂの目的を知っていたか，または注意をすれば知ることができた場合に限り，代理行為の効果がＡに帰属しないとされる（法文の引用は107条）。

3 無 権 代 理

叔父さんはこわい　「ライオンキング」というディズニーのアニメーション作品を見た人も多いにちがい

ない。ライオンの王国で，王である兄に代わって王国を支配しよう
と企てていた弟が，兄の死後に覇権を握り，兄の子を虐めるという
話である。人間の世界でも，同じようなことは起こる。代理は，注
意をして使わなければいけない制度であるが，これが悪用される
ことが多いのは，みずしらずの他人ではなく，意外にも近親者によっ
てであるからである。

> 　Aのお父さんは，土地を持っていたが，若くして世を去り，Aが相続
> した。しかし，Aが，まだ世の中のことをよく知らないのをよいことに，
> Aの叔父さんのBは，この土地を事実上管理している。やがてBは，
> Aから一切を任されているとCに告げ，Cと交渉したうえで，この土
> 地をCに売ることにした。

　代理権を有しない者がなした代理行為は**無権代理行為**とよばれる。
Aが成年に達している場合に，AがBに代理権を与えた事実がな
いのであるとするならば，Bの行為は無権代理行為である。また，
Aが未成年である場合に，Bが後見人（839条・840条）でないとき
も，Bの行為は無権代理行為である。

<table>
<tr><td>原則は無効</td></tr>
</table>

　　　　　　　　　　　　無権代理行為は原則として「効力を生じな
い」とされる（113条1項）。その意味は，
無権代理行為の効果が本人に帰属しないということであり，この設
例でいえば，Cは，Aに対し売主としての義務履行を求めることは
できない。そのかわりにCは，Bに対し117条1項に基づく責任
を追及することができる。これを**無権代理人の責任**とよぶ（例外的に

責任追及ができないのは同条2項の場合である）。Cは，原則として117条1項によりBに対し「履行又は損害賠償」を請求することができる。「履行」を請求するとは，無権代理行為の内容である契約を（Aではなく）Bを当事者として成立させる，ということである。その場合にBは，Cに土地の所有権を移転する義務を負う（561条）けれども，土地はAの下にあるから，この義務を履行することは困難である（売主となるBの債務不履行責任が生ずる）。そこで，設例のような場合には，ふつうはCがBに対する責任追及として損害賠償を選ぶのが簡便である。

二つの例外　　　　無権代理行為の効果が本人に帰属するとされる例外が二つある。一つは表見代理の成立が認められる場合であるが，これは次の④で学ぶ。もう一つの例外は本人の**追認**があった場合である。相手方であるCに対する意思表示により本人のAが追認をしたとき（Aが未成年者である場合は適法に後見人が選任されて追認がなされたとき）は，Bのなした無権代理行為は遡って有効となる（113条2項・116条）。相手方のCは，この追認をなすかどうかをAに確答するよう求めることができ，相当の期間内に確答がないときは，Aは追認を拒絶したものと扱われる（114条）。また，Cは，Aが追認をする前であれば，土地の売買契約をキャンセルすることができ（115条の法文には「取り消すこと」とあるが，その性質は撤回であると考えられる），これにより，無権代理という不正常な法律関係を離脱することができる。

相続と無権代理　　　判例に登場してくる無権代理には，親子のあいだで行われるものも多い。

> Xが土地を所有している場合において，Xの子であるYは，Zとのあいだにおいて，この土地をZへ売る旨の契約を成立させた。これは，Xに無断でなしたことである。そののちにXが死亡した。

　Xの死亡により相続が開始し（882条），Yは，Xの法律上の地位を包括的に受け継ぐ（896条・887条1項）。もしYのほかには相続人がいないとすると，土地は，Yの物になり，のみならず少なくとも形式論理においては，Xが本人として有していた**追認拒絶権**をも承継する。しかし判例は，自身で無権代理行為をしておきながらYが追認を拒絶するのは信義に反する（1条2項）として，これを許さず，その結果として無権代理行為は，YがXを相続したことにより当然に有効になるとする（最判昭和37年4月20日民集16巻4号955頁）。

<u>共同相続であったなら</u>　もっとも，Yには弟のQがおり，YとQが共同でXを相続する場合（900条4号参照）において，Qが無権代理行為に何ら関与していなかったというときには，無権代理行為が当然に有効になるということであるとすると，Qに不当な不利益が生ずる（土地について取得するはずの持分を取得できない）。そこで判例は，この場合については，無権代理行為を追認する権利は，共同相続人全員が共同して行使しない限り，無権代理行為は有効にならないとする（最判平成5年1月21日民集47巻1号265頁）。Qが追認に同意しなければ，Zに残された途は，Yに対し無権代理人の責任（117条）を追及することに限られる。

X ではなく Y のほうが死亡し，Y に子が
いなかったとすると，X が Y を相続する
（889条1項1号）。無権代理行為をしたのは
Y であって X ではないから，X が無権代理行為の追認を拒絶する
ことは信義に反せず，X は追認を拒絶することができる（前掲最判
昭和37年4月20日）。もっとも相続は，権利のみならず「被相続人
……に属した一切の……義務」を含む承継である（896条）から，X
は，Y が無権代理人として負っていた責任（117条）を，引き継が
なければならない。

④ 表 見 代 理

無権代理行為の相手方が代理権の存在を信
頼した場合において，この相手方を保護す
べき一定の事情がある場合に，無権代理行為の効果を例外的に本人
に帰属せしめるのが，**表見代理**の制度である。代理の制度は，近親
者のあいだで悪用されることが多いということは，この表見代理に
も当てはまる。紛争となることが多いのが，つぎのような事例であ
る。

> 銀行 A は，B 男にお金を貸すにあたり，だれか保証人を立てること
> を求めた。B 男は，その妻である C 女の実印を持ち出し，A に対し，
> C から一切を任されていると告げて実印を提示したうえで，C に代わっ
> て，C を保証人とする契約を A とのあいだで成立させた。

ある人を保証人にする契約を**保証契約**といい，保証人となる者と

債権者のあいだ（設例ではAとCのあいだ）でなされる。Cから代理権を与えられてするのでない限り、Bのした行為は無権代理行為であり、Cは、保証人とはならないのが原則である。しかし、BがAにCの実印を提示していることを考えると、Aが、BをCの代理人であると信じたことが無理もない、と考えられる事例もあるであろう。印鑑証明のための手続を経た印鑑が**実印**であり、ふつうは本人が所持して保管している。しかし、夫婦であったならば、持ち出すことも容易であろう。これからする表見代理の勉強は、最後には、この設例を解決することを目標に掲げておこう。

| ハートで考える
表見代理 |

表見代理は、本人が代理権を与えたことのない人（無権代理人）のした行為の効果を本人に帰属させる制度であるから、その成立要件は厳格に限定されなければならない。成立の要件は、大きく二つに分けることができる。第一は、代理権の存在を信じさせる外形の存在であり、第二は、代理権の存在に対する相手方の正当な信頼があることである。ちょうど、ハートのマークがあって、左側が第一の要件で、右側が第二の要件であるとすると、両方が塗りつぶされたときに表見代理の成立が認められる。表見代理には、基本となる大きな三つの類型があるが、すべて、このような要件構造になっている（スタジオで出会った男女が相手方を気に入ったときに各々ハートの左右のランプを灯し、両方が灯るとカップル誕生というテレビ番組がありましたね。あのノリで、さあ、つぎの表見代理の各類型の勉強を進めましょう）。

Ａが，Ｘに代理権を与えたことなどないにもかかわらず，Ｂに対し，Ｘを代理人にした旨を告げた場合に，これを信頼してＸと取引をしたＢを保護するのが109条１項である。ハートの左側の要件は，同項本文で規定されており，すなわち，「第三者に対して他人に代理権を与えた旨を表示した」ことである。これに対して

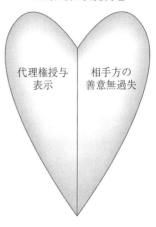

図6-2
109条1項の表見代理

代理権授与
表示

相手方の
善意無過失

ハートの右側の要件は，同項ただし書で明らかにされている。すなわち，表見代理が相手方の信頼を保護する制度であることに鑑み，Ｂが保護されるためには，同人の善意無過失を要するとされる。そして，代理権授与表示があれば，ふつう，それを信ずることが無理もないと考えられるから，ハートの右側の要件を否定するのには，本人の側で相手方の悪意または有過失を立証しなければならない。

Ａが，その所有する土地を代価600万円以上で売ることをＸに委託した場合に，Ｘが，その土地を400万円でＢに売る旨の売買契約を成立させたときには，Ｘの行為は「権限外の行為」（110条）であるが，そのことをＢが知らなかったことについて正当な理由のあるときは，Ｂを保護して代理行為を有効としなければならない。ここでハートの左側は，本人が「代理人」に少なくとも何らか

図 6-3
110条の表見代理

基本代理権　「正当な理由」
＝善意無過失

の「権限」を付与していたことで
あり（設例でいえば，土地を 600 万
円以上の代価で売ることについての
代理権），これを《基本代理権》
とよぶ。**基本代理権**は，原則とし
て私法上の法律行為を行うについ
ての代理権でなければならないが，
例外もある。判例は，本人が不動
産に関する登記の申請手続（それ
は登記官という公の機関に対する行
為であり，私法上の行為ではない）
を委ねた場合について，「その行
為が特定の私法上の取引行為の一環としてなされるものであると
き」に限るという留保を添えつつ，基本代理権の存在を肯定した
（最判昭和 46 年 6 月 3 日民集 25 巻 4 号 455 頁）。ハートの右側である
110 条の「正当な理由」は，相手方（設例で言えば B）が，その行為
をする権限を代理人が有しないことにつき善意かつ無過失であるこ
とを意味し，それを相手方において立証しなければならない。その
具体的な判断基準については，たとえば，X による A の実印の提
示がある場合には，判例は，原則として B に正当な理由があった
ものとみるが，ただし，特段の事情があるときは，B は A に照会
をすべきであり，照会を怠るならば正当の理由はないものとする
（最判昭和 51 年 6 月 25 日民集 30 巻 6 号 665 頁。しかし近時の下級審裁判
例は広く特段の事情を是認する傾向にある (読書案内))。

代理権消滅後の表見代理

たとえばAを委任者，Xを受任者とする委任契約が成立し，これに基づいてXがAを代理する権限を取得し，これを証するためAがXに委任状を交付したという場合において，そののち委任契約が終了し代理権が消滅したにもかかわらずAが回収を怠った委任状をXがBに示してAのための法律行為をなしたときには，

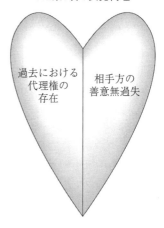

図6-4
112条1項の表見代理

過去における代理権の存在

相手方の善意無過失

相手方Bは，112条1項に基づき，当該法律行為の効果がAに帰属する旨を主張できる可能性がある。同条の表見代理が成立するためには，いったんAがXに代理権を授与したという事実が存しなければならない（ハートの左）。また，相手方であるBは，善意でなければならず，善意である場合において，その過失を本人が立証することができないときに，保護される（ハートの右）。

三類型の"すきま"をうめる

Aが，Xに，Aの所有する土地を600万円以上の代価で売却することについての代理権を授与した場合において，XがBとのあいだで問題の土地を400万円で売買する旨の契約を成立させ，その際，Xの提示した委任状には特に代金額に関する制限の明示がなかったので，Bが，Xの代理行為が正当な権限に基づくものと誤信したというときには，Bは，110条に基づき，上記売買の効果が

本人 A に帰属することを主張できる余地がある。しかし，上記設例において仮に，問題の法律行為が X の代理権消滅後になされたという場合（①）や，A が，真実は X に何らの代理権も与えてはいないのに，一定範囲の代理権を与えた旨を対外的に表示し，そのうえで，X が当該代理権の範囲を超えて代理行為をなした場合（②）などには，ここまでに登場した三つの基本となる表見代理の規定を個別に適用する限りでは，そのいずれの規定に基づく表見代理も成立しない。たとえば，①では代理行為時に X は 110 条にいう「権限」を何ら有していないし，②にあっては 109 条 1 項の「代理権の範囲内において」という要件を欠く。しかし，①や②においても相手方が代理権の存在を信頼し，かつ，そのことにつき過失がないときは，相手方を保護する必要を否定しえない。そこで，112 条 2 項は，代理権消滅後の権限外の行為（①）について，また，109 条 2 項は，授与表示があった代理権の範囲外の行為（②）について，いずれも相手方が，その行為についての代理権があると信じた正当の理由があったことを立証したときに，相手方の保護を図っている。これらは，いわば複合型の表見代理である。

> ハートで上手に説明できない場面

ここまでハートを用いた説明で表見代理をみてきたが，これで上手に説明できないのが法定代理の場合である。110 条を例に考えてみよう。同条は，法定代理にも適用があると考えるべきか。たとえば，後見監督人の同意を要する行為（864 条）を後見人が単独で行う場合において，相手方が，後見人の行為を適法な権限に基づくものと信じ，かつ，信じたことについて過失がないときは，相手方は，表見代理の成立を主張できるものとすることが，取引の安全

に適う。しかし，法定代理の場合にあっては，本人である被後見人の帰責性なるもの（ハートの左）を語る余地がなく，もしこれをもって表見代理成立の必須の要件と考えるならば，同条を法定代理に適用するのは適当でないことになろう。半面，取引の安全を犠牲にしながら被後見人の利益を守るということになるとすると，制限行為能力者の相手方となる者が通常以上に取引に慎重にならざるをえず，かえって制限行為能力者の利益に反することともなりかねない。そこで，表見代理の理論的根拠の説明とも関連させつつ，この問題についての学説上の論議が続けられてきた。また今後は，新しい行為能力制度の特徴にも留意して，この問題を考えてゆく必要がある（→❶◆法定代理概念の変容）。

| 夫婦と表見代理 |

第1章 *1* ❶ 個人と家族）で学んだ 761 条を思い出そう。同条は，規定の文言上は，夫婦の連帯責任を定めるにすぎないけれども，その前提として，日常家事に関する限りでは夫婦が相互に他方を代理する権限の存在を肯定するものと解釈できる。そこで問題となるのが，この代理権と 110条の適用との関係である。学説の一部は，**日常家事代理権**を単純に 110 条の基本代理権と認めて同条の適用を肯定し，およそ無権代理行為が日常家事とは言い難い場合であっても，相手方に正当理由がある限りは表見代理の成立を肯定する。これに対し，判例は，「当該越権行為の相手方である第三者においてその行為が当該夫婦の日常の家事に関する法律行為の範囲内に属すると信ずるにつき正当の理由のあるとき」に限定して 110 条を類推適用するにとどめる（最判昭和 44 年 12 月 18 日民集 23 巻 12 号 2476 頁）。

📖 **読書案内** "叔父さんはこわい"の話には続編がある。無権代理行為をした叔父さんは，のちに後見人となった場合（839 条・840 条）に，追認を拒絶することができるか。考えてみたい人は，鈴木ハツヨ・前掲書（第 1 章末尾の読書案内）183 頁以下を読むとよい（同書刊行後の重要判例に最判平成 6 年 9 月 13 日民集 48 巻 6 号 1263 頁がある）。横浜弁護士会『表見代理の判例と実務』（1984 年，きんざい）は，やや古くなったが，表見代理の裁判例の実態を教える。そこからも窺われることであるが，表見代理は，あくまでも無権代理行為の効果を例外として本人に帰属させる制度である。すこし勉強が進んだ学習者は，ときとして表見代理の成立をたやすく肯定する傾向があるが，表見代理の成立により本人が権利を奪われる帰結の重みを忘れてはならない。「十分な理由もないのに権利を奪われるようでは，取引社会の発展は望めない」（佐久間毅「民法総則の道案内」山野目章夫編『初学者のための民法学習ガイド』〔2010 年，日本評論社〕41 頁）と言わなければならないからである。

5 法律行為の概念——より大きな概念で考える

> **民法の読み方**

代理という特殊な態様での契約成立を学んだところで，読者の皆さんに，民法の，とくに，その法文を読むときのノウ・ハウを差し上げよう。私たちにとってのキーワードであるはずの「契約」は，意外なことに法文に，あまり出てこない。「法律行為は」と書く法条が多いし（90 条・127 条など），「意思表示は」とするもの（93 条・95 条など）も少なくない。なぜか。民法は，「契約」に無関心なのか。そうではない。これは，民法の体系性に関わることである。**法律行為**は，契約を含む概念なのである。たいていの場合において「法律行為」とあるところは，「契約」と読み換えても意味は通ずる。ただし，いつもいつも，そ

れで成功するとは限らない。そこに，民法が体系的であることの難しさがある。法律行為とは，法律上の何らかの効果を生じさせる人の行為であって，一または複数の意思表示を要素とするものをいう。そのうち，一個の意思表示からなる法律行為が《単独行為》であり，遺言や財団法人設立行為がこれに当たる。そして，複数の意思表示で組成される法律行為が契約にほかならない。なお，社団設立行為のように多数人が同一の目的に向けて関与するものを《合同行為》という別の観念で捉え，契約とは区別することもある。単独行為は，これをさらに，《相手方のある単独行為》と《相手方のない単独行為》とに細分類できる。前者は，意思表示を特定の相手方が受領することを要する単独行為であり（相手方が受領すればよいのであって，その承諾を要しない。そこが契約との差異である），契約の解除（540条1項）がその一例である。取消可能な行為の取消し・追認（123条）も同様であり，また，無権代理（113条2項）の追認も，これらに近い。他方，相手方のない単独行為の具体例には財団法人設立行為がある。

単独行為の無権代理　　第3章1[4]で学んだ契約の無効・取消原因の多くは，これらの単独行為にも当てはまる。不法な目的でする贈与契約が無効であるのと同じように，不法な目的でする遺贈（単独行為。964条）も無効であり（90条），また，強迫されてした追認の意思表示は，取り消すことができる（96条1項）。では，無権代理が関わる場合は，どのように考えるべきか。①無権代理人のした単独行為は無効であることが原則であり，相手方のない単独行為には，この原則が常に当てはまる。②相手方のある単独行為で無権代理人がしたものは，相手方が，代理権を有しないでなされることに同意を与え，または代理権に異議を述べなかっ

たときに限り，本人が追認することができ，また，追認がなされなければ，相手方は無権代理人の責任を追及することができる（118条前段）。③代理権のない者に対してした一方的な意思表示（受働の無権代理。99条2項参照）は，本人に効果が及ばず，また，無権代理人の責任を問うこともできないのが原則であるが，無権代理人の同意を得てしたときは，本人が追認をすることができ，また，追認がなければ，表意者は，無権代理人の責任を追及し，または，意思表示を撤回することができる（118条後段）。

6 法律行為の附款

> 附　　款

附款とは，法律行為の効果の一部を制限することを内容として法律行為に附加される定めである。これには，期限と条件がある。**期限**は，法律行為の効力の発生もしくは消滅または債務の履行期到来を，発生することが確実な事実に係らしめる附款である。いつ到来するかまで確実にわかっているもの（＝**確定期限**。たとえば「11月7日になったら」）と，到来することは確実であるが到来の時期が判明していないもの（＝**不確定期限**。「いまの内閣が総辞職したら」）とがある。**条件**は，発生するかどうか不確実である事実に法律行為の効力の発生・消滅を係らしめる附款である。効力の発生に関するもの（「司法試験に合格したら御馳走してあげる」＝127条1項）を**停止条件**といい，消滅に関するもの（「成績がAでなくなったときは学資の援助を止める」＝同条2項）を**解除条件**という。

> 条　　件

「文代さんが司法試験に合格したらフランス料理のフルコースを御馳走してあげよ

う」というのは，条件附の贈与契約である。この場合の条件は，司法試験に合格することであり，条件の内容をなす事実が実際に発生することを条件の成就という。上のような約束をした人の御馳走の義務は，司法試験合格が決まった時に生ずる（127条1項）。もしも，その人が文代さんの受験準備の邪魔をして，そのために受験をすることができなくなった場合には，文代さんは，贈与契約の関係においては，条件が成就したときと同じ扱いを求めることができる（130条1項。反対に，条件成就により利益を受ける者が不正に条件を成就させたときは，条件不成就の扱いを求めることができる，同条2項）。条件の内容とする事実は，どのようなものでもよいが，一定種類の事実を条件の内容とした場合の取扱いについては，131条から134条までに規定がある。たとえば「試験の不正行為に協力してくれたら御馳走してあげる」という約束は，132条前段により無効とされる。

期　限

文代さんの友人の恵子さんが，「フランス料理のフルコースを御馳走しよう」と約束したとする。この約束では，いつ御馳走するかが決まっていないから，文代さんは，自分が欲するときに約束の履行を求めることができる（412条3項参照）。しかし，ふつう，こういう約束には，たとえば「11月9日になったら，御馳走をしてあげよう」というように，期限が附いている。その場合には，文代さんは，「履行は，期限が到来するまで，これを請求することができない」（135条1項）。もっとも，特別の事情がない限り，「期限は，債務者の利益のために定めたもの」と考えられるし（136条1項），そして，期限の利益は放棄することが可能である（同条2項）。この場合の債務者である恵子さんが，まだ11月になっていないけど御馳走してあげる，と言

ったときが，この**期限の利益の放棄**に当たる。なお，期限の利益の
放棄が，債務者の意思に基づいて期限の利益を失わせることである
のに対し，137 条の定める**期限の利益の喪失**は，債務者の意思にか
かわりなく期限の利益を喪失させる制度である。金銭の借主が担保
として提供した物を壊すといった場合（同条 2 号）に，この期限の
利益の喪失が起こる。

| 期 間 計 算 |

法律関係の処理には期間の計算が問題とな
ることが多い（たとえば 30 条・193 条・201
条など）。そこで民法は，期間の計算方法についてのルールを設け
ており，これらは特別の定めがない限り，他の法令において期間の
計算をする際にも適用される（138 条）。民法の定める期間のルール
は，つぎのようなものである。

（1）　まず，時・分・秒の単位で期間を定めた場合は，期間は
「即時から起算する」（139 条）から，「7 月 3 日の午後 5 時から 30 時間」
という期間を定めたときは，同月 4 日の午後 11 時に期間が満了する。

（2）　これに対し，日・週・月・年の単位で期間を定めた場合に
は，初日を算入せず，翌日から計算するのが原則である（140 条本
文）。166 条は，年をもって期間を定めている場合に当たる。2013
年 2 月 13 日を弁済期とする債権は，この 2 月 13 日から「権利を行
使することができる」（旧規定 166 条 1 項）こととなるが，140 条本
文の**初日不算入の原則**により翌 14 日から時効期間の計算を始める
から，消滅時効は，10 年の時効期間（旧規定 167 条 1 項）であれば，
2023 年 2 月 13 日の 24 時に完成する（141 条）。これは，弁済期の
到来する 2013 年 2 月 13 日が，実際には，朝の太陽が昇って事務所
が開いてからでないと取引活動ができず，一日を債権者がフルに使

えないことを配慮したものである（484条2項も参照）。

　（3）　いくつかの特殊な問題を拾っておくと，まず，上の例で弁済期が2013年2月5日である場合には，その10年後に当たる2023年2月5日が日曜日であるため，消滅時効は翌6日に完成する（142条）。また，弁済を債務者に対し催告した債権者が裁判上の請求などをすることが求められる150条1項の6か月を例とするならば，催告をしたのが2022年8月30日である場合には，期間を翌31日から起算するが，6か月後の2023年2月には応当する日がないから，同月28日に期間が満了する（143条2項）。

　これらが期間計算に関し民法の定めるルールであるが，これと異なる定めが各法令のなかにある場合に，それに従うべきことは，いうまでもない。最も重要なものには，年齢計算ニ関スル法律がある（そのほかには，戸籍法43条・国会法133条など）。2002年の2月12日に生まれた人の年齢は，年齢計算ニ関スル法律の1項に基づき，初日不算入の原則の適用が排除され，出生の日から起算される。したがって，この人が18歳になるのは，2020年2月12日の零時である（この人が17歳である期間は，2月11日が末日であり，その「終了」の時である同日の24時，すなわち12日の零時に17歳から18歳に変わる）。

第7章 時　効

　　　昇平君の家でもちあがった借金の問題から，この本は始まっ
　　た。そのときに話題となったのが，時効である。最後の章とな
　　る本章では，これを取り上げる。時効には，刑事法上の時効も
　　あるが，これから取り上げるのは，いうまでもなく民事法上の
　　時効である。それは，消滅時効と取得時効とに分かれる。本章
　　においては，まず消滅時効を素材にして時効の学習を始め，あ
　　とのほうで取り上げる取得時効については，消滅時効と共通の
　　問題の繰り返しは避け，取得時効に特有の問題を見てゆくこと
　　にする。

１　消 滅 時 効

　文代　いよいよ時効の勉強まで来たね。

　昇平　僕がこの本で民法の勉強を始めようとしたきっかけが，
時効だったね。時効という言葉は，法律を学ぶまえから知ってい
たけれど，どういう意味かを厳密に考えたことは，なかったな。
ほら，同窓会で昔の仲間にあったときに，"もう時効だから，君
の例の失敗談を言っていいだろ"とか言うよね。

　文代　それは，法律的な意味での用法じゃないわ。法律学では，
時間の経過により権利の取得または消滅を認める制度が時効なの
よ。

　昇平　よく刑事ドラマで，時効直前の逮捕がシーンを劇的にす
るテクとして使われるよね。

文代　あれは，刑事上の時効。時間が経ってしまったために検察官が公訴を提起する（起訴する）権利が失われる公訴権の時効（刑事訴訟法 250 条）のことだけど，刑事上の時効には，このほかに，時間の経過によって国家が刑罰権を行使する権利が失われる刑の時効（刑法 31 条）があるわ。

　昇平　民法では，どんな時効が出てくるんだろう。

　文代　消滅時効と取得時効の二つ。消滅時効は，本来は存在するはずの権利を時間の経過により消滅させる制度で，取得時効は，本来は権利者でないはずの人が，時間の経過により権利を取得する制度。この本では，まず消滅時効を素材にして時効の勉強をし，あとのほうの取得時効では，消滅時効と共通の問題の繰り返しは避け，取得時効に特有の問題を見てゆくことにしましょう。

<hr>
どのような制度か

　XがYに対し金銭債権を有する場合において，債権者のXが，債権を行使できる時から一定期間（時効期間）のあいだ債権を行使しないでいると，当該金銭債権が，消滅することがある。このように，時の経過により権利が消滅することを認める制度を**消滅時効**とよぶ。時効の完成をチェックするときの重要なポイントは，時効期間が何年であるか，ということと，それを何時から起算するか，である。

<hr>
標準的な時効期間

　そして，消滅時効の標準のルールは，これらの二つの観点を組み合わせて示される。すなわち，債権は，「債権者が権利を行使することができることを知った時」（**主観的起算点**）から「5 年間行使しないとき」および「権利を行使することができる時」（**客観的起算点**）から「10 年間行使しないとき」に，時効により消滅する（166 条 1 項）。したがって，

消滅時効の起算点は，債務者が遅滞に陥る時（412 条）とは異なることがある。

　(1)　確定期限附債権の場合は，期限到来の時が客観的起算点であると共に，ふつう，暦日で定められる確定期限の到来は公知の事実であって債権者もその到来の時に知るから，主観的起算点も，期限到来の時である。X の債権の履行期が 2020 年 9 月 27 日である場合は，翌 28 日に時効期間が起算される（27 日に起算しないのは，140 条の初日不算入の原則による）。起算点が異ならないから，同時に進行を始める 10 年と 5 年のうち，5 年の期間のほうが先に満了し，その段階で消滅時効が完成する。

　(2)　不確定期限附債権の場合，たとえば A が死亡したときに Y が X に 100 万円を支払うという債権は，A が死亡した日が客観的起算点であり，その翌日に 10 年の時効が進行を始める（ただし，死亡したのが午前零時である場合は当日に起算する。140 条ただし書）。また，A の死亡を X が知る時が主観的起算点であり，原則として，その翌日に 5 年の時効が進み始める。これらの 10 年と 5 年のいずれかが経過したときに，消滅時効が完成する。遅滞に陥る時期（412 条 2 項）が債務者の側の知・不知などを問題にするのとは取扱いを異にする。

　(3)　期限の定めのない債権は，債権成立の時が客観的起算点である。債権者が債権の存在を知ることにより履行の請求をして債権を行使することが可能になるから，債権者が債権の存在を知った時が，主観的起算点となる。たとえば不当利得の返還を請求することができる債権（703 条）は，債権が成立した日の翌日に進行を始める 10 年と，債権者が債権の存在を知った日の翌日に起算される 5 年のいずれかが経過したときに，消滅時効が完成する。債権者は

「履行の請求」(412条3項) をすることにより債務者を遅滞に陥らせることができるが，時効の主観的起算点は，それと同じ日またはそれより前の日になると考えられる。

時効期間の特例 これらが債権などの権利の消滅時効の標準的なルールであるが，これには例外もあり，主要なものは，つぎのとおりである。

(1) 不法行為に基づく損害賠償請求権　　不法行為による損害賠償請求権は，被害者またはその法定代理人が損害および加害者を知った時から3年間，また，不法行為の時から20年間が時効期間となる (724条)。

(2) 生命・身体の侵害による損害賠償請求権　　人の生命・身体を害する不法行為による損害賠償請求権は，被害者またはその法定代理人が損害および加害者を知った時から5年間が時効期間となり (724条の2)，この5年と，不法行為の時から20年間という客観的起算点からの時効期間の通則とが併用される。また，債務不履行による損害賠償請求権であって人の生命・身体の侵害によるものは，債権者が権利を行使することができることを知った時から5年という通則の時効期間 (166条1項1号) に加え，権利を行使することができる時から20年という客観的起算点からの時効期間の特例 (167条) が働く。

(3) 債権でない財産権　　以上とは異なり，債権でない財産権 (たとえば265条の地上権) の時効期間は，権利を行使することができる時という客観的起算点から20年間と簡明に定められる (166条2項)。なお，債権でない財産権であっても，所有権は，時効で消滅するということがない。

（4）　判決で確定した権利　　主観的起算点から 3 年（724 条 1 号）とか 5 年（166 条 1 項 1 号・724 条の 2）とかいうふうに，10 年より短い期間の消滅時効の期間の定めがある権利であっても，裁判所の判決で確定した権利の時効期間は，確定の時に弁済期が到来していないものを除き，10 年に変更される（169 条）。確定判決と同一の効力を有するものによって確定した権利も，同じである。債権者が訴訟を提起するなどして行使し，裁判所も存在を認めた権利について，短期で消滅時効が完成することは適当でないことによる。

| 時 効 障 害 |

時効期間が進行の途上で法律の定める一定の事由が生じた場合において，そのまま時効期間が進行するものとはされない扱いがされる。そのような事由は，**時効障害**と総称される。時効障害には，二つの種類のものがある。

　第一は，時効期間が進行を止め，一定期間の間，時効が完成しないとするものであり，これを時効の**完成猶予**とよぶ。第二は，既に経過した時効期間の意味を失わせ，新しい時効期間が進行を始めるとされるものであり，これは時効の**更新**という。これら二つの時効障害は，組み合わせられて起こることがある。たとえば，訴えを提起すると完成猶予が生じ，その訴えに係る請求を認める判決が確定すると更新が起こり，新しく時効期間を計算し直す（次述(1)・(2)の裁判上の請求や強制執行の場合）。また，そうではなく，完成猶予ということが問題とならず，専ら更新が起こることもある（後述(5)の承認の場合）。反対に，更新が起こらず，専ら時効の完成が猶予されるにとどまる場面もみられる（後述(6)の天災事変の場合）。時効障害は，147 条から 161 条までにおいて定められており，主要なものは，

つぎのとおりである。

（1）　裁判上の請求による完成猶予と更新　　ＸがＹに対し債権の履行を請求する訴訟を提起する場合において，この訴訟提起は，147条1項1号にいう「裁判上の請求」に当たり，消滅時効の完成が猶予される（→◆一部請求と時効障害）。Ｘの債権の弁済期が2020年9月27日である場合において，同日の到来と共にＸが債権を行使することができることを知ったというときには，この完成猶予がなければ2025年の9月27日に消滅時効が完成する。しかし，Ｘが債務の履行を求める訴えを2025年の2月1日に提起すれば完成猶予が生じ，時効の完成が猶予される。そして，Ｘの請求を認容する判決が確定するならば，判決確定により時効の更新が起き，既に進行した4年余の時効時間は，ないものとして扱われる（同条2項）。もしＸ勝訴の判決が確定したのが2026年5月1日であるとすると，そこから時効が新しく進行を始め，そのあとに時効障害がなければ，2036年5月1日に時効が完成する（169条）。

なお，完成猶予が生ずるのは，Ｘのほうから訴訟を提起する場合に限らない。Ｙからの債務不存在確認請求の訴訟で応訴するＸが訴訟において債権の存在を主張する場合も，完成猶予が生ずる。

また，Ｘが訴えを提起したものの，訴えを取り下げるなどして訴訟が終了したとすると，その終了から6か月間，時効の完成が猶予される（147条1項括弧書参照）。

（2）　強制執行による完成猶予と更新　　Ｘが，Ｙに対する債権の強制執行として，Ｙの所有する不動産を差し押さえた場合において，そのことにより，Ｘの債権の消滅時効は，まず，完成が猶予され，そして，強制執行の手続が終了すると，時効の更新により新しい時効期間の計算が始まる（148条1項1号・2項本文）。ただし，強

制執行が申立ての取下げにより終了するときは、更新が起こらず、終了時から6か月間、完成が猶予されるにとどまる（同条1項括弧書・2項ただし書）。

(3) 催告による完成猶予　訴えを提起するのではなく、単に手紙を出すなどして債務の履行を求めることは、**催告**とよばれる。実務上は、相手方が手紙を受け取っていることの証明に困難が起こることを避けるため、普通郵便でなく、配達証明つきの内容証明扱いの郵便を用いることが多い。催告があったときは、6か月間は、時効の完成が猶予される（150条1項）。完成が猶予されている間に訴えを提起するならば、上述（1）の展開になる。反対に、訴えを提起するところまでせず、催告によって時効の完成が猶予されている間に再度の催告をしても、当初の6か月の完成猶予の期間が伸びることはない（同条2項）。

(4) 協議の合意による完成猶予　XがYに対し「話し合いませんか」と呼びかけることは、断固として支払え、と求めているものではないから、催告ではない。また、それに対しYが、すぐにもお支払いします、と答えるならば次述（5）の承認になるが、そのようにYが答えるとは限らない。むしろ、Yが「ええ、話し合いましょう」と応じ、この協議開始を書面または電磁的記録で合意すると、**協議の合意**により一定の期間に限り完成猶予が認められる。一定の期間とは、つぎのようになる。

すなわち、まず、協議をする期間の定めがない場合においては、1年間の完成猶予が認められる（151条1項1号）。ただし、その間に一方の当事者が書面または電磁的記録で協議続行の拒絶を通知した場合は、その通知の翌日に起算される6か月の経過で時効が完成する（同項3号）。協議をする1年以上の期間の定めがある場合も、

協議をする期間の定めがない場合と異ならない。

　これに対し，協議をする1年未満の期間の定めがある場合においては，途上で協議続行を書面により拒絶する意思表示がない限り，合意で定められた期間の完成猶予が認められる（同項2号）。

　(5)　**承認による更新**　　差押えや催告がいずれも権利者の側の行為であるのに対し，**承認**は，時効障害により不利益を被るはずの義務者の側からする行為である。たとえば，YがXに対し弁済の猶予を懇請することは，ふつう，その前提として債務の存在を認める意味を含むから，承認に当たる。承認があると，時効が更新され，新しい時効期間の計算を始める（152条1項）。

　(6)　**天災事変による完成猶予**　　天災など避けることができない事変が起き，訴えの提起や強制執行の申立てをすることができなくなった場合は，その障害がなくなった時から3か月間，時効の完成が猶予される（161条）。

　◆**一部請求と時効障害**　設例においてXのYに対する債権が金額100万円の金銭債権である場合に，XがYに100万円全額の支払を命ずる給付判決を得ることは，《裁判上の請求》に当たるから，債権の消滅時効が更新される（147条1項1号・2項）。このことに疑いはない。これに対して，Xが上記債権の一部であることを明示しつつ10万円のみを訴求し，同旨の給付判決を得ることは，債権全体について時効を障害する事由となりうるか。判例は否定する（最判昭和34年2月20日民集13巻2号209頁）。このような一部請求をXがなす動機は訴訟費用（民事訴訟費用等に関する法律3条1項，別表第一参照）などを節約して，いわば試験訴訟を行うことであることが多いであろうし，そのような動機は通常は感心しないものといわざるをえないであろう。もっとも，判例は，時効を障害しない

とする理由を，残部が訴訟物（裁判の対象とされる事項）となっていないことに求めており，この点に関連しては，実体法・手続法の両面から，なお論議が続いている。

| 時効の援用とは |

時効による利益を受ける者が，時効の利益を受けることを望む旨の意思を表示することを時効の援用という。裁判所は，援用がないと，時効の成立に伴う権利変動を前提にして裁判をすることができない（145条）。XがYに対し債権の履行を請求する訴えを提起した時点で弁済期から既に10年が経過している場合などでも，Yが債権の消滅時効を援用しなければ，Yに対し給付を命ずる判決が出される。このような仕組みになっている理由は，債務を弁済していないYが，時効を主張して債務を免れることを潔いこととは考えないことがあり，そのような場合に当事者に時効の利益を押しつけることは適切でないからである。

| 時効完成と援用の関係 |

時効の効果について法文は，たとえば10年が経てば「債権は……消滅する」（166条1項）と表現しており，これだけをみると時効の効果は，時効期間の経過という客観的事実のみにより確定的に発生すると構成するもののようにみえる。しかし他方で145条は，当事者の援用がない限り時効を理由とする裁判はなしえない旨を定めており，両条の関係は，必ずしも明確でない。学説のなかには，実体法上は時効は期間経過により確定的に効果を生じ，援用は訴訟上の攻撃防御方法にすぎないとするもの（確定効果説）もあるが，むしろ有力であるのは，援用も時効の効果に関する実体上の意味をもつとする考え方であり

（不確定効果説），後者は，さらに二つに分かれる。第一は，時効完成により一応は時効の効果が生ずるが，援用がないことがはっきりすれば（あるいは，もうすぐ学ぶ時効利益の放棄があれば）時効の効果は生じなかったものと構成する解除条件説であり，第二は，時効の完成によっても時効の効果は生ぜず，援用により初めて効果が確定すると説明する停止条件説である。これらのうち，攻撃防御方法は提出がない限り裁判において斟酌できないことは訴訟法の一般原則であり，あえてこのことを念押しする意味においてのみ 145 条が設けられたとみるのは適当でないから，確定効果説よりは不確定効果説を妥当とすべきであり（最判昭和 61 年 3 月 17 日民集 40 巻 2 号 420 頁），また，そのなかでは，停止条件説のほうが簡明であると思われる。

|だれが援用をするのか| どのような者が時効の援用をなしうるかにつき，従来の判例は，援用により「直接利益を受ける者に限定される」としてきた（最判平成 4 年 3 月 19 日民集 46 巻 3 号 222 頁）が，学説の多くは，《直接に利益を受ける》という観念は明確を欠き，のみならず，しばしば援用権者の範囲を不当に狭く解釈させかねないとして批判する。すくなくとも消滅時効について，民法の規定は，「権利の消滅について正当な利益を有する者」が時効を援用することができるとしており（145 条括弧書），債務者の Y が援用をなしうることはもちろん，Y の債務を保証した者や，Y の債務を担保するために自分の所有する不動産に抵当権を設定した者（物上保証人），さらに抵当不動産の第三取得者にも援用権が認められる（同括弧書の例示）。また，ことさら取得時効について異なる基準を採る理由はないから，権利の取得について正当な利益を

有する者は，これを援用することができるものと解すべきである。

XがYに融資をする際に，Yが，「将来において時効を主張したりはしません」などと約束をしても，それは，無効である。立場の強いXがYに迫って約束をさせるようなことは，好ましくないからである（146条）。これに対し，時効の利益は，時効完成後であれば，援用権者において放棄することができる。**時効利益の放棄**は，放棄をなす者が時効の完成を知ってなすのでなければならないと考えられる。ただし判例は，Yが時効完成後に債務の存在を認める行為に出た場合につき，Yが「時効完成の事実を知らなかったときでも，爾後その債務についてその完成した消滅時効の援用をすることは許されないものと解するのが……信義則に照らし，相当である」と判示し，時効援用権を喪失するとしており（最判昭和41年4月20日民集20巻4号702頁），結果として時効完成の知・不知は，大きな意味を失ってきている。

2　取 得 時 効

Aが所有する土地をBが1990年から占有しているとする。Bの占有が平穏かつ公然のものである限り，Bのために，2010年に**取得時効**が完成し，これをBが援用するならば，Bは，土地の所有権を取得し，その反射的効果としてAは所有権を失う（162条1項）。また，Bが，占有開始時に土地がBの物であると信じ，かつ信じたことに過失がなかったことを証明しえたときは，2000年の時点で時効が完成し，同様の効果が生ずる（同条2項）（→◆**自己の物の時効取得**）。Bの占有が

善意・平穏・公然のものであることについては，法律上の推定が働く（186条1項。Aは，反対の証拠を挙げることにより推定を覆すことができる）。また，Bが，1992年と2005年の時点で土地を占有していた事実を証明したときは，Aによる反対の証明が成功しない限り，Bは，1992年から2005年まで継続して土地を占有したものと扱われる（同条2項）。もし仮にBが1995年から1997年末まで占有を中止していた事実をAが証明するときには，Bの取得時効は中断し（取得時効に特有の障害の事由であり，**自然中断**とよばれる），1998年から新しく時効期間を計算し直す（164条）。

◆**自己の物の時効取得**　設例においてBがAに対し時効による所有権の取得を主張するためには，162条の文言によれば，土地が「他人の」ものであることを主張・立証しなければならないようにみえる。が，学説には，「取得時効というのは，はたして真実のところだれの所有か判然としないときに占有者の所有として処理するという場合に最もその実益を発揮すべきものであるから，取得時効の完成を主張するための前提として当該の物が本来は占有者以外の他人の所有に属するということを立証する必要はない」とするものもある（幾代通『民法総則』〔第2版，1984年，青林書院〕493頁）。この点は，いかに考えるべきか。最高裁判所は，不動産売買契約の当事者であるAとBとのあいだにおいて買主Bが売主Aに対し取得時効を援用した事案について，取得時効援用を認めたことがある（最判昭和44年12月18日民集23巻12号2467頁）。しかし，かかる場合に時効による裁判を認めることは，双務契約の一つである売買契約の当事者間に533条が予定する利益衡量を働かなくするおそれを否定できない。代金未払の場合には引換給付判決（「BがAに代金を支払うのと引換えにAはBのために所有権移転登記手続をせよ」）をすべきである（なお民事執行法31条1項・174条2項）

のに，時効に基づく所有権取得を考える場合には，そのような処理をなしえない（単純に登記手続を命ずる給付判決になる）からである。したがって，Ｂの側で「他人の」物であることを立証する必要はないものの，Ａの側で，「他人の」物でないこと（すなわちＢの物であること）を立証したうえで同時履行の抗弁権を援用する場合には，引換給付の判決をなすべきであると考えられる。

|自主占有の要件|　取得時効が成立するためには，Ｂの占有は，「所有の意思をもって」する占有，すなわち，**自主占有**でなければならない（162条）。Ａとのあいだで有効に売買が成立したと信じて占有を始めたＢは所有者である意思と態様を伴って土地を占有するのであるから，自主占有をなす者といえるのに対し，Ａから土地を借りたにすぎない者の占有は，他人の所有権を前提としたうえでの占有，すなわち，**他主占有**にすぎない。ゆえに借地人が20年間にわたり土地を占有しても取得時効は，成立しない。もっとも，借地人がＡに対し所有の意思をもって占有する旨を通告したときは，通告の時点から，占有は自主占有に変ずる（185条の「又は」の前の部分）。また，判例は，借地人を相続した者が，一定の事情の下に，被相続人において土地を所有していたものと信じて占有を承継したときは，相続人による自主占有の開始があったものと扱う（最判昭和46年11月30日民集25巻8号1437頁）。185条後半の「新たな権原」に当たるというのが，その論拠である。

|時効完成前に取引があったら──その1|　設例の土地をＢが所有するものと過失なくして信じたＣがＢとのあいだで1998年に当該土地の売買契約を成立させ，引渡し

図 7-1

A ——————— 8 年 ——————— B ——— 4 年 ——— C

を受けたとする。2002 年に A から返還請求を受けた C は，これに
応じなければならないか。その時点で C 自身の占有は 4 年しか継
続していないが，C は，前主である B の占有と通算して 12 年の占
有があった旨を主張することができる（187 条 1 項）。ただし，この
場合において，B が占有の開始時点に悪意または有過失であったな
らば，C は，そのような意味で B の占有が有していた「瑕疵」を
も承継する（同条 2 項）から，162 条 2 項ではなく同条 1 項の適用
を主張できるにとどまる。では，各占有期間の年数が同様の事情に
ある場合において B が善意無過失であり C が悪意または有過失で
あったというときは，162 条 2 項の適用を肯定すべきか。善意無過
失の要件を欠く C が短期取得時効の利益を与えられるのを妥当視
し難いとみる考え方もあるが，判例は，「10 年の取得時効の要件と
しての占有者の善意・無過失の存否については占有開始の時点にお
いてこれを判定すべきものとする民法 162 条 2 項の規定は，時効期
間を通じて占有主体に変更がなく同一人により継続された占有が主
張される場合について適用されるだけではなく，占有主体に変更が
あって承継された二個以上の占有が併せて主張される場合について
もまた適用されるものであり，後の場合にはその主張にかかる最初
の占有者につきその占有開始の時点においてこれを判定すれば足り
るものと解するのが相当である」とする（最判昭和 53 年 3 月 6 日民集

32巻2号135頁)。もっとも，この判決の事件は，上の例でCから
さらに土地を譲り受けた善意無過失のDにつき短期取得時効の成
立を肯定したものである。

時効完成前に取引があったら——その2

つぎに今度はAのほうが，第三者である
Mに土地の譲渡をなした場合を考えてみ
よう。Bは，時効による所有権の取得を
Mに対抗するため，登記を得ていることを要するか。

図7-2

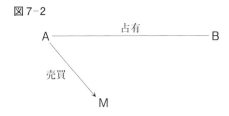

これについて判例は，つぎのような考え方をとっている。

(1)　前提となるべき事項を確認しておくならば，もっぱらAと
Bの二人のあいだにおいては，BがAに対し時効に基づく所有権
取得を主張できるためには，登記は要らない。AとBは物権変動
の当事者であるからであり，それは，ちょうど，二重譲渡の際の譲
渡人とたとえば第一譲受人の関係と同じである。

(2)　時効完成が2010年であると考えられる場合に，AからM
への譲渡が時効完成の2010年より前，たとえば2005年に行われた
場合は，時効が所有者をMとする状態で完成するという理由によ
り，MとBを物権変動の当事者として扱い，Bは，(1)と同様に，
Mに対し登記なくして所有権を主張することができる。

（3）　AからMへの譲渡が時効完成ののち，仮に2012年に行われた場合に，MとBの関係は，対抗問題となり，177条の適用に服する（多年にわたるBの占有を認識して譲渡を受けたMは背信的悪意者として扱われる可能性がある。最判平成18年1月17日民集60巻1号27頁）。

（4）　したがって，2012年に譲渡を受けたMが時を置かずにAから登記を得るときは，Bは，当面はMに敗れることになるけれども，ただし，Bがさらに2032年まで占有を続けるならば，Mとの関係での新たな時効が完成し，この新しい時効については，MとBは物権変動の当事者であるから，（1）のルールにより，Bは，Mに対し，登記なくして所有権を主張することができる（最判昭和36年7月20日民集15巻7号1903頁）。

（5）　Bが時効の起算点を任意に選択して（すなわち1990年ではない，それより遅いいつかの時点を）主張することは，許されない（最判昭和35年7月27日民集14巻10号1871頁）。これを許すと，たとえばMが2012年に譲渡を受けたというときに，Bが，1995年を時効の起算点に選ぶと，問題は，（3）のルールではなく（Bにとって有利な）(2)のそれで処理されることになる。

| 所有権以外の財産権の時効取得 | 「所有権以外の財産権」についても，時効取得がありうる。163条が一般的に定めるところであるが，283条や284条のように

個別にその可能性に言及する規定もある。また，問題となる「財産権」は，民法が物権として構成するものに限らない。たとえば判例は，一定要件の下での不動産賃借権（601条・605条参照）の時効取得を認める（最判昭和45年12月15日民集24巻13号2051頁）読書案内。

昇平　だいたい時効の制度は，わかってきたけれど，すこしテクニカルな勉強に走りすぎたかもしれないな。常識で考えて問題はないかな。時間が過ぎさえすれば借金をチャラにできて，あるいは，人の物を自分の物にすることができるのって，すこし，おかしくない？

　　文代　法が時効という制度を設けた趣旨は，クラシックな説明では，つぎの三点を挙げられているの。まず，ⓐ永続した事実状態を尊重することにより，当該事実状態を前提に成立している社会的関係の安定を図る，つぎにⓑ永続した事実状態は，真実の権利関係に合致する可能性が高いから，これを尊重することにより，真実の権利関係を証明する困難から当事者を救う，そしてⓒ権利の行使・保全に熱心でない者（「権利の上に眠る者」）は，法的保護に価しない，この三つよ。

　　昇平　うーん，わからなくはないけれど，なんとなくピンとこないな。本当に，そのクラシックな説明でいいのかな。

　　文代　批判はあるわ。すくなくともⓐとⓒは，それら自体を時効制度の独立の存在理由とすることは，難しいかもしれない。ⓐは，違法と知りつつ真実の権利関係を無視し続ける者（たとえば真実の所有者がいることを知りつつ占有を続ける者）を保護する結果をも進んで承認するかのようにみられかねないし，また，ⓒは，権利というものが本質上当然には権利者に行使を義務づけるものとは言い難いのに，権利を行使しないでいるにすぎない者が，どうして非難を受けなければならないのかが，明らかでないものね。だから，学者のなかには，ⓐ・ⓒの根拠を強調することは，要するに，時効という制度が，真実の権利関係を犠牲にして無権利者を優遇する反倫理的なものであるという評価もあるくらいなの。

　　昇平　じゃあ，時効制度の存在理由は，どう説明すればいいの。

　　文代　説明の中心に据えるべきは，やはりⓑ。ⓑを基軸に時効

を説明する考え方を法定証拠説というのよ。ほら，この本の最初の話，昇平君が民法を勉強するきっかけも，お父さんが返済ずみの借金を請求されたことだったじゃない。あれは，なくした領収証のかわりに，5年という時の経過を，いわば法律の認める特別の証拠として法廷に出すことであるといえるでしょう。

昇平　だって，あれは，親父が本当に返済ずみの借金だったから，まだよいものの，支払ってないヤツまで逃げられるのが時効の制度だろう。たしかに実際の裁判では，借金は返したはずだ，ということを，まず主張し，それが認められない場合の予備に，時効の主張をすることが多いらしいけれど，もし仮に，借金を返していない者が，正面から時効の主張で攻めてきた場合（これを"主位的に時効の主張を出す"と表現するらしいね）は，時効による裁判をすることが，はたして正義に合致するといえるのだろうか。

文代　ウフフ，調子が出てきたじゃない。いつ，そこまで勉強したの。

昇平　時効は，君と一緒に民法を始めたときの最初のテーマだもの，そりゃメチャ勉強したよ。それから，もう一つ言えば，162条が1項の20年と2項の10年で違いがあるところも，法定証拠説だけに寄り掛かった説明では，すこしアバウトな話だよね。

文代　うん，だから，時効については，まず，その援用が信義に反するとして許されない場合がある，ということが学説上主張されているし，また，短期取得時効（162条2項）については，善意無過失で取引した者のための取引安全の保護ということを根拠として補うのが適当であるという見解もあるわ。

昇平　時効って奥の深い制度だね。

文代　昇平君は，論理を徹底して追究するタイプだから，学者に向いているかもしれないわね。

　読書案内　松久三四彦「時効制度」星野英一編集代表『民法講座　第一巻　民法総則』（1984 年，有斐閣），金山直樹「権利の時間的制限」ジュリスト 1126 号（1998 年）225 頁以下。

佐久間「『債権法改正の基本方針』における債権時効に関する改正試案」金融法務事情 1881 号（2009 年）は，2017 年に改正される前の民法が，短期消滅時効とよばれる制度にみられた問題点をはじめ多くの課題を含んでいたことを知るうえで有益である。

民法を楽しく学びつづけるための読者への三つのアドバイス

民法百周年記念切手

明治の先達が作ってくれた民法を今日に活かすこと，そのために学びつづけること，これが私たちに求められています。

未知の分野へ進む

もうすぐ閉じられようとしているこの本で
は，民法の，だいたい3分の1ぐらいの分
量に当たる内容について，ここまでのところで既に，記すべきこと
が記され，述べるべきことは述べられた。しかし，この本が終わっ
ても，読者の民法の勉強は，終わらない。筆者には，読者にプレゼ
ントしたい勉強の三つの道しるべがある。その第一として，この本
で扱われていない残り3分の2も学んで欲しい，ということを，ま
ず，お願いしておきたい。この本で扱うことのできなかった契約の
諸形態や損害賠償の問題は，このアルマ Basic シリーズでは，『民
法——債権』で扱われるし，家族の法律関係の本格的な勉強は，
『民法——親族・相続』ですることになる。

> **昇平** "契約"のことは，この本でも，第三のキーワードとし
> て取り上げていたと思うけど…。
> **文代** この本で扱ったのは，契約の成立と効力に関する一般原
> 則だけよ。契約に具体的にどんな類型があるか，は，ここまでの
> 学習ではわからないわ。たとえば549条では贈与，555条は売
> 買，それに601条では賃貸借が定められている。それぞれに特
> 別の問題があって，それらを学ぶことが，つぎの目標になるのよ。

また，この本で立ち入ることのできなかった損害賠償の問題につ
いては，契約などにより成立した債務の不履行に基づくもの（415
条）と，故意の加害や不注意による事故などに伴って問題となるも
の（709条）とがあり，それらを本格的に学んでゆくなかでは，**製
造物責任法**のような現代的な素材も登場する。

言葉を知る　　　法律学の修得にあたっては，論議をするの
に必要な言葉を知り，それを用いて法的推
論を展開するということが，とても大切である。これが，第二のア
ドバイスにほかならない。

『民法——債権』で登場する土地や建物の賃貸借に，その例を取
ろう。賃借人は賃料を支払う義務を負っており，その支払が1か月
でも滞ることは，債務の不履行に当たる。しかし，1か月の滞納が
あるのみでは，特別の事情がない限り，契約を解除することはでき
ない。信頼関係の破壊がないと認められる場合は不動産の賃貸借契
約の解除はできない，と一般に解釈されているからである。「信頼
関係の破壊」や「契約の解除」が，たとえばキーワードである。"1
か月の滞納ぐらいは，ささいなことだから追い出すことができな
い"というような言い方で法律解釈の議論をすることは，よそう。
キーワードを用いる必要があるのは，なぜか。法律家しか知らない
言葉を使って，格好をつける必要があるから，などと考えてはいけ
ない。そこには，きちんとした理由があり，それは大きく分けて二
つある。

一つめは，中味に関わる理由である。"ささいなことだから"と
いうのは情感に訴えた理由づけであり，法律家は，そのような理由
づけをしてはいけない。重要なのは，なぜ，ささいなことか，とい
うことであり，賃貸借契約に関わる信頼関係の破壊がないから，と
いう表現は，そのことを（情感的にではなく）理知的に解き明かす道
具にほかならない。二つめの理由は，手順に関わるそれである。従
来の判例と学説が，この言葉を用いて不動産の賃貸借を論じてきた。
この言葉を用いることは，したがって，従来の判例と学説を学んだ
うえでの議論であることを，多くの言葉を要せずして読み手に（た

247

とえば裁判官に，たとえば採点をする先生に）わからせることを可能と
する。このようにして，他人の言葉をよく聞き，そして，適切な言
葉を用いて語りかける者こそが，良い法律家となる。

> "でも"ではなく
> "ただし"で

そしてまた，これが第三の，そして，この
本の最後のアドバイスになるが，法律学を
学ぼうとする人は，俗っぽいニヒリストに
なってはいけない。この本では，だれと，どのような契約を結ぶか
は自由であり，そして，このことを契約自由の原則とよぶ，という
ことを学んだ。しかし，たとえばデパートで物を買うときに値段の
交渉をする余地があるだろうか。電気やガスの料金を契約の時に個
別に決めるチャンスは，あるだろうか。それらがないことを捉えて，
契約自由などと法律の本には書いてあるけれど，"でも，現実はち
がうのさ"と言ってしまうとき，物事はすべて，建前と本音という
情緒の世界ですまされてしまうことになる。そうではなく理論の問
題として考えようとするときに，ふさわしいのは，「ただし」とい
う接続詞である。契約の成否・内容の選択は自由であることが原則
である。"ただし"例外はあるであろう。例外は，どのようなもの
か。それが許容されるとすると，それは，なぜか。このように思考
を進めて初めて私たちは，公共事業料金規制の問題や価格競争に関
わる法律制度の在り方に思いを及ぼすことが，可能になる。接続詞
の「ただし」は，原則とそれに対する例外，原理とそれがもつ限界
とを論理的緊張の下に対置してみせる。私たちの社会は，ともする
と今までは，政治や経済の問題を情緒的に扱う傾向がないとはいえ
なかったけれども，そうした傾向は，人々の思考を受身のものとし，
考える力を衰えさせる。そうではなく，社会の諸問題を読み解くた

めの強靭な思考力を具える市民が立ち現れるとき，それは同時に，法が機能する市民社会が出現する時でもある。その際に大変に重要な手かがりの一つが，民法それ自体，ないしは民法的な思考方法にほかならない。この本が，それらへの道案内になることができたとすれば，それは，筆者にとって，本当に幸せなことである。

＊　＊　＊

　……と書いてペンを擱こうとしたのですが，筆者の気がかりなことを一つ思い出しました。それは，文代さんと昇平君のことです。筆者は文代さんの演習授業の指導教授であるうえに，この本がカップル誕生の契機になったのだとすると，行く末に責任があるような気もします。文代さんは，試験を受けなければならないし，昇平君も大学院を出てからのことを考えなければいけません。互いの進路にプラスになるカップルになるとよいのだけれど。うん，でも，こういう見方は，おじさんくさいですね。読者の皆さんと，静かに見守るのが，いちばん，よさそうです♪♬♪

文代さんと昇平君からのSシリーズへの誘い

昇平 この本は，初めて勉強する人が入り易いように，体系的・理論的な民法の講述の順序とは異なる書き方になっていたんだよね。

文代 そうよ。よりランクが上の本，たとえば，このアルマ・シリーズと姉妹のような関係にあるSシリーズでは，民法のオーソドックスな講義の仕方の順番で記述がなされているわ。

昇平 この本を読み終えて，より上級の本で勉強を続けたい人は，それらの本のある事項の説明が本書のどこに対応しているのか確かめたくなるんじゃないかな？

文代 たしかにそうね。ここでは一つの例として，さっき挙げたSシリーズとの対応関係を示すことで，読者の皆さんへの道案内にしましょう。

Sシリーズ『民法Ⅰ』 → 本　書

序　章 → アルマ・シリーズ『私法入門』で扱う。

第1章　私権とその行使 → アルマ・シリーズ『私法入門』で扱う。

第2章　権利の主体──自然人と法人 → 第1章　※法人は第4章

第3章　権利の客体 → 第2章 *1*②

第4章　法律行為

　Ⅰ　序説

　Ⅱ　法律行為の成立 → 第1章 *3*

　Ⅲ　意思表示の有効性 → 第3章②

判 例 索 引

●地方裁判所

●家庭裁判所

事 項 索 引

さ　行

や　行

ら　行

●著者紹介

山野目　章夫（やまのめ　あきお）

早稲田大学大学院法務研究科教授
1958 年に福島市で生まれる。1981 年に東北大学法学部を卒業し，同学部助手などを経て，2000 年に早稲田大学法学部教授。2004 年4 月より現職。国土審議会委員，成年後見制度利用促進専門家会議委員。

　主著に『不動産登記法概論』（有斐閣，2013 年），『不動産登記法入門』（第 2 版，日経文庫，2014 年），『不動産登記法』（増補，商事法務，2014 年），『新しい債権法を読みとく』（商事法務，2017 年），『民法概論 1 民法総則』（有斐閣，2017 年）。

ARMA

民　法　総則・物権　第 7 版　　　　　有斐閣アルマ

2000 年 5 月 10 日	初　版第 1 刷発行
2004 年 1 月 30 日	第 2 版第 1 刷発行
2005 年 3 月 10 日	第 3 版第 1 刷発行
2007 年 2 月 28 日	第 4 版第 1 刷発行
2012 年 2 月 25 日	第 5 版第 1 刷発行
2017 年 7 月 15 日	第 6 版第 1 刷発行
2020 年 2 月 20 日	第 7 版第 1 刷発行

著　者　　山 野 目　章 夫

発 行 者　　江 草　貞 治

発 行 所　　株式会社　有 斐 閣
　　　　　　郵便番号 101-0051
　　　　　　東京都千代田区神田神保町 2-17
　　　　　　電話　(03)3264-1314〔編集〕
　　　　　　　　　(03)3265-6811〔営業〕
　　　　　　http://www.yuhikaku.co.jp/

印刷・大日本法令印刷株式会社／製本・大口製本印刷株式会社
©2020，山野目章夫．Printed in Japan
落丁・乱丁本はお取替えいたします。
★定価はカバーに表示してあります。

ISBN 978-4-641-22147-5